首都高端智库
首都发展与战略研究院
RUC Capital Development and Governance Institute

接诉即办的北京经验

李文钊◎著

中国人民大学出版社
·北京·

目 录

第一章
接诉即办的特征事实

接诉即办到底是什么？这是接诉即办改革者、实践者和研究者不断探究的问题。从哲学的角度看，这属于对接诉即办本体的讨论，主要指接诉即办的事实本质。只有对接诉即办所指称的事实有清晰描述，才能够形成对接诉即办的深刻认知，并最终使得接诉即办改革取得预期成效。对接诉即办事实本质存在的分歧，使得人们对于接诉即办形成了差异化的观点和主张。此外，接诉即办事实本身的复杂性，还使得不同的视角只能对接诉即办的某一方面事实进行观察，很可能会对接诉即办呈现出“盲人摸象”的认知图景。应该说，《北京市接诉即办工作条例》的出台，正是为了对接诉即办事实进行宣示，通过事实引导认知，通过认知指导实践，最终推进首都治理体系和治理能力现代化。

为此，我们提出可以从“技艺—人工品”的哲学范式理解接诉即办实践，强调接诉即办是一个包含着人类偏好、价值、目标和判断的治理人工品，其本体包含客观本体和主观本体①。基于客观本体论，接诉即办的事实既包括物理事实，又包括分类事实。基于主观本体论，接诉即办的事实主要包括制度事实②。对于物理事实，主要是接诉即办中个体所诉求的事实，例如诉求电话数量、诉求人数等，这些构成了接诉即办的裸事实。对于分类事实，主要是接诉即办中依靠概念系统，对诉求进行的分类、权责归属和未来事实预测。对于制度事实，主要是接诉即办通过创立考评制度和点评制度而形成的排名事实和道义基础，这些构成了接诉即办的社会实在。要进一步推进接诉即办改革，就需要在接诉即办的物理事实的科学化、分类事实的合理化和制度事实的共识化三个方面下功夫，从而提升接诉即办科学化、合理化和共识化水平。

---

① Ostrom V. Artisanship and artifact[J]. Public administration review, 1980, 40(4): 309-317.

② Searle J R. What is an institution?[J]. Journal of institutional economics, 2005, 1(1): 1-22.

一、接诉即办的本体论：迈向“技艺—人工品”的哲学范式

无论是对接诉即办的认知，还是有关接诉即办的价值判断，都离不开对接诉即办实践和事实本身的讨论。简言之，接诉即办的实践和事实是认知和价值的基础，当然，认知和价值也对实践和事实产生影响，这形成了接诉即办的本体论和认识论的双向互动。对于接诉即办的本体，不能仅从自然物的视角进行分析，究其原因，接诉即办是人工品，需要用一种不同于自然物的哲学和科学来进行探究[①]。哲学家休谟最早提出了自然物和人工品的区别，他认为，人工品不同于自然物，人类的设计、项目和观点是人工品的重要组成部分，正如热和冷、干和湿等是自然物的组成部分一样。为此，他进一步指出，“行动本身是人工品，它们的实施需要依托一定的设计和倾向”[②]。政治学家、公共管理学家文森特·奥斯特罗姆进一步将休谟有关自然物和人工品的思想发展成为“技艺—人工品”的哲学范式，并将之应用于对组织和治理的研究，强调治理作为一种人工品的独特属性[③]。

通过引入“技艺”这一概念，文森特进一步对人工品的本质特征进行了阐述，指出人工品是由具有观念、偏好和价值的人类通过技艺设计和创造的产物，技艺是创造过程，人工品是创造结果。人工品最基本的特征是物品包含着价值要素，人工品不可能化约为自然物，它体现了人类原则，它是事实要素和价值要素混合的产物，对其理解也需要从目的和价值的视角来进行认知。这意味着，理论问题不可能完全简化为事实问题，一旦从“技艺—人工品”的哲学范式研究接诉即办，接诉即办就是一项包含设计者意图、价值和观念的人工品。作为人工品的接诉即办，它既包含客观本体，又包含主观本体。这里的客观本体是指事实外在于人类存在，当然人类也可以从不同角度对事实进行理解和建构；而主观本体则是指事实内在于人类自身存在，它是需要依靠人类的认可才存在的事实，它属于主体间认可事实。对于客观本体，我们又可以根据是否包含人类价值，进一步区分为物理事实和分类事实，前者是一种纯粹客观事实，不依赖于人类而存在，后者则是一种依托人类概念存在的事实，它体现了人类通过概念分类来认识事实，使得事实成为人类想象的那样。对于主观本体，我们认为它主要是基于创立制度而生存

---

① Simon H A. The sciences of the artificial[M]. Cambridge, Mass.: MIT Press, 2019.

② Blomquist W, Lutz D, Oakerson R J, et al. The practice of constitutional development: Vincent Ostrom’s quest to understand human affairs[M]. Lanham, MD: Lexington Books, 2008.

③ Ostrom V. Artisanship and artifact[J]. Public administration review, 1980, 40(4): 309-317.

的事实，因此，制度事实是其典型。由此可见，接诉即办既包含着物理事实和分类事实，又包含着制度事实（见表 1-1）。

表 1-1　接诉即办的事实类型

客观本体论		主观本体论
物理事实	分类事实	制度事实
1. 诉求电话数量 2. 诉求人数 3. 诉求事实	1. 基于分类概念的诉求归类 2. 基于权责概念的诉求归属 3. 基于预测概念的诉求估计	1. 基于考评制度的绩效排名 2. 基于点评制度的道义基础

从表 1-1 可以看出，接诉即办的物理事实主要是每天接收的电话数量，涉及诉求人数、诉求所反映的问题等，它是由每个诉求人的诉求产生的原始数据。这些原始数据可以进行加总，进而形成一些总体性数据。物理事实对于自然科学而言有价值，但是对于社会科学而言，它需要与人类的目的和价值联系起来，这使得物理数据需要某种转换才能够对人类有意义。分类事实则是对物理事实的加工，物理事实要转化为进一步决策的参考，就必须进行概念化，引入人类认知中的分类系统，使得事实成为人类所想象和需要的事实。对于分类事实而言，接诉即办可以形成诉求归类、权责归属和未来诉求分布预测等三种事实。由于人类的目的和目标在不断变化，这就意味着分类概念系统也在不断演化，不同的分类概念系统可以生成不同的分类事实和数据。人类有多少种想象，就会有多少种分类系统，从而会形成不同的分类事实。当然，并非每一种分类概念系统都会对人类有价值，分类概念系统要有价值，就需要与治理和决策相关，通过分类概念系统来改善和提高决策质量。接诉即办的制度事实主要是基于考评制度和点评制度来建构和生成的事实，其中考评制度尤其重要，它是排名事实的基础，如不同区、街道、部门的排名。接诉即办的绩效排名作为一种事实存在，并不是客观存在的，它是基于制度生产和主体间认同而存在的。正是因为有了排名事实，才能够进一步形成对治理主体的激励，促进诉求有效解决。

通过区分接诉即办的物理事实、分类事实和制度事实，可以进一步厘清围绕接诉即办争论的本体论基础，并为进一步推动接诉即办改革提供事实支撑。一般而言，对于基于客观本体的事实，存在真与伪，事实本身可以作为检验理论的基础，例如诉求量的多少，这类事实是可以检验的。同样，每一个诉求的内容是否属实，也可以部分通过事实进行检验。此外，有关分类的事实，一旦分类概念和标准清晰，诉求内容明确，就可以形成可检验的分类事实。而对于基于主观本体的事实，事实的真与伪则需要依靠主体间认可。例如，依靠排名制度为产生的绩效排名，这一事实需要各方主体的承认，这种承认的过程也是制度认可的过程。当不同治理主体对接诉即办的绩效排名存在分歧时，就说明绩效排名产生的制度其合法性受到挑战，对制度合法性的挑战会影响对事实的承认。

二、接诉即办的物理事实

接诉即办的物理事实是以诉求人的诉求为基础，按照一定的时限而形成的诉求总量事实，它既包括微观个体事实，又包括宏观加总事实，以及可能的中观加总事实。物理事实是分类事实和制度事实的基础，只有诉求人微观事实清晰，才能使得分类事实和制度事实建立在坚实的基础之上。从这个意义上看，接诉即办的物理事实仍然是整个大厦的基石。2021 年 1 月 8 日，北京市首次发布《2020 年北京市“接诉即办”改革工作年度报告》(以下简称《年度报告》)，开了北京市针对接诉即办改革工作进行事实陈述的先河。从《年度报告》的结构看，它主要由总体情况、市民来电及热点分析、诉求办理情况和考核排名情况等四个部分组成。在这四个部分中，总体情况基本上属于物理事实范畴，而市民来电及热点分析和诉求办理情况则属于分类事实范畴，考核排名情况属于制度事实范畴。当然，这个分类是一个初步分类，即便物理事实也可能需要一些类型化概念，我们这里对分类事实强调的主要是行动者基于认知进行了创造性建构。

北京市接诉即办改革自 2019 年开始，迄今已经接近 3 年，其知晓度和美誉度显著提升，这也使得诉求人数和诉求电话数量稳步上升。从《年度报告》的数据来看，2020 年 1 月 1 日 0 时至 12 月 31 日 24 时，12345 市民服务热线共受理群众来电（包括电话反映和网络反映）1 103.94 万件，比 2019 年上升 55.24%。2021 年 9 月 24 日，北京市第十五届人大常委会第三十三次会议审议通过《北京市接诉即办工作条例》，该条例自公布之日起实施。在进行立法解读中，显示 12345 整合了 54 条热线，累计受理群众反映 2 958 余万件，日均 2.99 万件，其中网络端受理量突破 240 万件。事实上，即便对物理事实的讨论，也离不开最基本的分类，如将接诉即办的诉求类型划分为电话端和网络端。此外，还可以按照地域和时间，对各区和街道的月度和年度接诉即办的数量进行总结。

当前,《年度报告》对诉求人的数量还没有公布，即北京市的人口中有多少人使用 12345 服务热线来反映诉求。此外，出于对诉求人隐私的保护,《年度报告》也没有公布诉求人的年龄、职业、性别等基本事实信息。当然，在这些信息中，诉求人数量是一个最重要的物理事实，它涉及接诉即办使用频率问题。对于诉求人反映的诉求中，目前争议比较大的是诉求人所反映的诉求是否属实，以及是否应该由政府来解决。诉求人所反映的问题是否属实属于物理事实范畴，而诉求是否应该由政府来解决则需要通过观念建构来判断。而为了从物理事实中获得更多信息以方便决策，需要将物理事实转化为分类事实，这也是从自然科学事实向社会科学事实转变的过程。

三、接诉即办的分类事实

由于受到自身认知局限的影响，人类总会从分类的视角来看待事实，将事实纳入自身的分类框架。这就意味着，人类在认识和指称事实时，不是对这个或那个事实进行指称，而是对一类事实进行指称。例如，对马的指称，不是对具体马的认知，而是对作为一类的马进行描述。通过以分类为基础对事实进行指称，人类形成了对事实的共识。从这个意义上看，社会科学的事实来源于人们的想象，缺乏想象就不会存在社会科学事实。与此同时，当人类在对事实进行类型化处理时，常常会从目的和意图的角度进行界定，这种界定可能与物理事实并没有关系。因此，社会科学对事实的指称很多时候是从功能出发进行分类，以区别不同事实。例如，被称为房子的事实，房子本身与建筑物的钢筋、水泥等构成要素没有任何关系，只是从建筑物的功能出发来指称建筑物这一事实。与房子类似的事实，还包括汽车、电脑、火车、地铁、碗、打印机、空调等，都是从功能的角度来对事实进行分类。以这些类型为基础，社会科学形成了对事实的统计和计量，这为进一步探究因果关系奠定了基础。

接诉即办基于概念系统实现了对热线电话的分类整理，这是进一步进行决策参考和治理的事实基础。对于每天的市民来电所反映的诉求，如果仅仅从个体的角度去进行认知，只能头痛医头、脚痛医脚，而一旦对诉求进行类型化处理，就为“举一反三”奠定了事实依据。因此，如何用一套行之有效，既可以为决策者提供有效参考，又能与现有政府职能相匹配的方式来对市民来电反映诉求进行分类，成为接诉即办从物理事实转化为分类事实的主要挑战。为此，市民热线服务中心需要针对热线电话反映的诉求形成一个包括三级、二级和一级的分类系统，这样不同的热线电话诉求能够在分类系统中被定义，通过这一套分类系统形成分类事实。《年度报告》显示，2020 年，群众来电前十类问题分别是疫情防控、市场管理、公共服务、住房、医疗卫生、城乡建设、交通管理、社会秩序、劳动和社会保障、教育。2019 年，群众来电前十类问题分别是市场管理、公共服务、城乡建设、住房、交通管理、环境保护、医疗卫生、农村管理、劳动和社会保障、市容环卫。很显然，这些被反映的问题都是根据概念分类系统而形成的，在每一个大的概念之下，还有子分类概念。以市场管理为例，《年度报告》显示，市场管理类问题共来电 98 万件，环比上升 23.17%，其中 1 万件以上的主要是网络交易（54.1 万件）、市场环境秩序（17.6 万件）、商品质量（10.2 万件）、预付式消费（10.2 万件）、合同违法行为（1.6 万件）等方面，具体涉及网上购物、店面无照经营、虚假广告等问题。其中，网络交易占比最大，为 55.25%。

接诉即办除了对诉求所反映的问题进行分类之外，还需要依托现有的权责体系，对谁应该来办理诉求进行分配，这涉及办理的分类系统，从而形成了从分类事实向归属事实的转变。办理分类的难点是诉求事实与市级部门、区级部门、街道、乡镇等的权责是否匹配，即热线中心将一个诉求派单给相关部门，是否能够实现事实与权责相契合。办理分类与问题分类构成了接诉即办进行事实分类的两个主要方面，而只有办理分类与问题分类有效匹配，才能够促进问题解决。《年度报告》的第三部分指出，在 2020 年受理的 1 103.94 万件群众来电中，市民热线服务中心话务人员直接解答 655.23 万件、占比 59.35%；市民热线服务中心通过派单方式，交由各区、市属机构、国有企业、街道（乡镇）办理 448.71 万件、占比 40.65%，其中重复来电或多人反映的 59.89 万件、占比 13.35%，涉访涉诉而转送其他法定渠道的 22.04 万件、占比 4.91%。由此可见，接诉即办除去重复来电或多人反映而合并处理、涉访涉诉而转送其他法定渠道的 81.93 万件，重点对群众诉求的 366.78 万件进行直接办理。同样，对于诉求办理情况，也可以依据区县、市级部门等进行重新分类。对此，《年度报告》中的第三部分进一步指出，在 2020 年通过派单方式办理的 448.71 万件群众诉求中，区级部门办理 168.9 万件、占比 37.64%，街道（乡镇）办理 165.3 万件、占比 36.84%，市属机构办理 53.8 万件、占比 11.99%，国有企业办理 60.71 万件、占比 13.53%。

接诉即办除了进行问题分类和办理分类之外，还在进行未来事实的预测。这里的未来事实主要是指超大城市在未来治理中主要面临的挑战。同样，对于未来事实的预测，也需要借鉴分类系统思维，依据已经发生的问题来建构未来问题，这是一个寻找未来事实的过程。而一旦未来事实的预测与实际发生的事实相匹配，那么超大城市治理就会越有效果，继而越有可能降低诉求量，实现“主动治理、未诉先办”。北京市推行“每月一题”就是对未来事实进行建构的尝试，它构成了“主动治理、未诉先办”的事实基础。2021 年 2 月，接诉即办改革专项小组印发了《2021 年“接诉即办”“每月一题”推动解决重点民生诉求工作计划》（以下简称《工作计划》），建立了“每月一题”机制。《工作计划》构成了“每月一题”的顶层设计，也是“每月一题”的多层次嵌套治理界面形成的制度保障。北京市 2021 年确定的“每月一题”的 12 类主题分别是：无证“房”“车”、劳务和消费纠纷、城市环境、小区管理、教育、交通管理、市政、医疗服务、停车管理、养老、农村管理、房地产市场管理。在每一类主题之下，又包括 2 ～ 3 类问题，目前北京市“每月一题”聚焦的 27 类问题包括房产证办证难、无牌照电动三轮车和四轮车、拖欠工资、预付式消费退费难、网络消费纠纷、垃圾清运不及时、街头游商占道经营、房屋使用、老旧小区改造、小区充电桩安装难、普惠幼儿园入园、教育培训机构规范管理、交通噪声扰民、大货车交通安全、路灯问题、地下通道和市政涵洞设施维护治理、社区医院资源不足、医院医疗服务、小区周边道路停车资源不足和违章停车、共享单车乱停乱放、养老机构收费和服务、居家养老保障、农村宅基地、农村村民待遇、农村基础设施建设、房地产中介经营不规范、群租房问题。《工作计划》要求 12 个主责单位和 54 个配合单位对 27 个具体问题逐一提出解决方案，制定任务清单、责任清单和政策清单。从当前披露的数据看，2021 年 7 月 1 日前，12 个主责单位办成实事清单 84 项，19 个问题超额完成原计划工作。

四、接诉即办的制度事实

制度事实的理论主要是由哲学家塞尔提出的，他认为，要理解什么是制度，就需要首先理解制度事实，制度创造制度事实，这是从构造性的角度来定义制度。他指出：“什么是一个制度？一个制度是任何被集体接受的规则系统（程序、实践），这套规则系统能够创造制度事实。这些规则的典型形式为：在 C 之下，X 算作 Y（X counts as Y in C），通过这些形式实现一个物体、人或事实状态 X 被赋予一种特别地位，即 Y，这种新的地位使得一个物体或一个人能够实现仅凭其自身物理结构而不能够实现的功能，但是这本身要求功能赋予。因此，制度事实的创立过程也是集体赋予地位功能的过程。……这样，整个分析让我们理解关于集体意向性（collective intentionality）、功能赋予（the assignment of function）、地位功能赋予（the assignment of status functions）、构成性规则（constitutive rules）、制度事实（institutional facts）与道义性权力（deontic powers）等之间的系统关系。”[①]诸如教授、校长、院长、区长等身份，都属于制度事实范畴，它是通过构成性规则来赋予自然人在自然状态下所不具有的功能。一旦通过制度创造制度性事实，教授、校长等身份就成为一个事实，而这一事实与物理事实的区别在于，它需要由主体间认同来确认。

为了促进问题解决，激励各级部门认真办理诉求，接诉即办通过建立考评制度，形成了对街道、区级和市直部门的排名。排名是一种优秀或者落后的功能赋予过程，通过排名形成了具有主观本体论属性的制度事实。排名靠前的事实，通常被赋予接诉即办表现优秀；排名靠后的事实，则被赋予接诉即办表现落后。简言之，通过考评制度生成排名的制度事实，又通过排名赋予绩效功能，而这些绩效功能则构成了进行奖励和惩罚的事实基础。因此，考评制度在接诉即办发挥成效方面起着关键作用，它是接诉即办好坏的衡量准则。一般而言，考评制度以民众的响应率、满意率、解决率等“三率”为基础，形成对各级政府、街道乡镇、市直部门、国有企业等的综合得分，在得分基础上进行排名。目前，接诉即办的绩效排名主要有两个评价周期，一个是月度评价，绩效排名在月度工作点评会中进行公布，当前重点对排名前三的区和排名最后的区进行公布，对于街道和乡镇则主要公布了排名前 10、后 10、环比进步前 10、诉求量集中前 10 等四类排名；另一个是年度评价，在当年的 12 月份对全年的绩效排名进行公布，区政府排名重点公布对象与月度评价相同，对于街道和乡镇则公布了排名前 30 的政府，以及各个区排名前 3 的街道、乡镇。《年度报告》显示，各区综合成绩排名前三的是怀柔区、大兴区和东城区，办理量排名前三的是朝阳区、海淀区和丰台区。

月度点评制度是对考评制度的进一步强化，它使得绩效排名具有道义基础，这也是一个对制度事实合法化的过程。从这个意义上看，绩效考评制度和月度点评制度是一种使排名事实得到认可的互补性制度安排，前者生成绩效排名事实并进行功能赋予，后者通过一种公布和点评制度，使得排名结果得到高层认可，并

---

① Searle J R. What is an institution?[J]. Journal of institutional economics, 2005, 1(1): 21-22.

且向社会扩散。这种社会扩散又会对不同区、街道的建构形成压力，尤其是会给排名相对靠后的街道造成较大的声誉压力。与此同时，月度点评制度也是进一步确认绩效排名的结果过程，它试图让不同主体接受绩效排名事实，并以此事实为基础，进一步激励和鞭策不同治理主体做好接诉即办工作。

五、提升接诉即办的科学化、合理化和共识化水平

对于接诉即办的事实及其分类的讨论，最终是为了通过改善事实基础提升接诉即办的治理水平。只有建立在客观、全面和系统的事实基础之上，治理才可能有的放矢，实现对症下药和精准治理。因此，寻找事实，或者说对问题症状的估计，成为现代治理的基础。与此同时，对于治理对象和事实的掌握情况，本身也成为衡量治理水平的重要指标。正是在这个意义上，历史学家黄仁宇提出了“数目字管理”的思想，认为中国需要通过数目字管理提升治理水平①。但是，由于人类社会正在向复杂性、流动性和不确定性迈进，使得厘清治理的事实基础变得更加困难。新冠肺炎疫情正是对各级政府的事实确认治理能力的考验，能否快速溯源，及时发现感染链条，摸清可能的底数，这些都直接影响了疫情防控水平。再加上事实本身可能造假，进一步使得对事实和真实情况的掌握构成了治理的重大挑战。为此，要改进接诉即办的治理水平，真正实现以人民为中心的超大城市治理，提升民众的获得感、幸福感和安全感，就需要在改善接诉即办的物理事实、分类事实和制度事实的科学化、合理化和合法化上下功夫。

提升接诉即办物理事实的科学化水平，其关键是如何核验市民诉求的真实性和有效性。接诉即办的物理事实主要是基于市民的陈述，市民通过陈述来对其所面临的事实和问题进行建构，这些陈述可能是真的，也可能是假的，可能是扩大的，也可能是缩小的。为此，如何对市民诉求的真实性进行有效核准，成为接诉即办物理事实面临的主要挑战。市民热线服务中心是作为第三方在进行事实沟通，即它将市民反映的诉求通过一定的通道和机制反馈给相关方处理，再通过对市民的回访检验问题是否得到解决，形成了一个完整的闭环。这一链条有赖于市民诉求真实性的假设，当然，诉求办理方也可以提出异议，通过辩论、对话和沟通进一步明确事实的本质。尽管存在一些虚假诉求，但应该说市民诉求的真实性从整

① 黄仁宇 . 万历十五年 : 增订纪念本 [M]. 北京 : 中华书局 , 2006.

体上看还是可信的。下一步，市民热线服务中心可以通过抽样、委托第三方、征集观察员等方式来对一些诉求个案进行调查，以对诉求的真实性进行核验。

提升接诉即办分类事实的合理化水平，其关键是要在问题分类和职责权限两者上进行有机统一。一旦接诉即办的物理事实真实性得到有效保证，那么分类事实就是一个合理化的问题。简言之，市民热线服务中心所提供的问题界定分类系统、办理权责分类系统和未来问题分类系统，是否准确概念化了超大城市面临的治理挑战，是否真正做到精准派单，是否有助于治理问题的有效解决，构成了对分类事实合理化的检验。当然，不同的分类系统其功能和目标是不一样的。问题分类系统主要着眼于对超大城市治理面临的问题进行总体把握，这是对未来问题进行预测的基础。从这个意义上看，问题分类系统着眼于已经发生的事实，而未来问题分类系统则着眼于没有发生的事实。办理权责分类系统则涉及问题与职责的匹配，它需要将已经界定的问题分类与各个单位的权责进行对应。为了使问题分类与权责分类进行有效对接，就需要在建立问题分类框架时参考当前职责分类框架。下一步，政务服务局如何进一步优化问题分类框架，如何通过与职责部门进行对话，进一步厘清职责边界，形成合理的问题分类和职责分类框架，是分类事实面临的主要挑战。

提升接诉即办制度事实的共识化水平，其关键在于提高考评制度的认可程度和制度运行的公开透明度。绩效排名结果是由于考评制度及其运行产生的，要让各方接受绩效排名结果并形成共识，就需要在结果产生的规则和过程两个方面达成共识。制度的共识度越高，制度运行的透明度越高，受到制度约束的各方越可能接受制度运行所产生的结果。提升接诉即办制度事实的共识化水平，也是考评制度合法化的过程。因此，考评规则、程序、过程、运行等需要不断地进行系统论述，不断地与利益相关方进行沟通和对话，不断地适应环境进行动态调整，不断地对制度合法性进行有效论证，这样才能够使得各方接受绩效排名的制度事实。如何让各方都觉得考评制度本身具有公平性、科学性、合理性、有效性和前瞻性，这是制度设计者下一步需要重点考虑的问题。只有考评制度及其绩效排名取得较高的共识水平，月度点评制度才能够更好地发挥促使绩效排名具有道义基础的作用。

第二章
接诉即办的理论基础

习近平总书记在2020年8月24日召开的经济社会领域专家座谈会上指出，新时代改革开放和社会主义现代化建设的丰富实践是理论和政策研究的“富矿”，我国经济社会领域理论工作者大有可为。接诉即办改革是首都城市治理体系和治理能力现代化探索的典型代表，正在对首都高质量发展产生广泛而深远的影响，这一“富矿”值得理论和政策研究者给予高度重视。对接诉即办改革进行深入研究，既可以为深化接诉即办改革提供理论指引，又可以丰富和完善中国特色的城市治理话语体系、学术体系和理论体系，最终实现理论与实践的有机统一。从某种程度上说，讲好首都治理故事，也是建设国际和谐宜居之都的应有之义。

接诉即办改革是以12345市民服务热线为主渠道的诉求响应机制、基层治理的应急机制和打通“最后一公里”的工作机制，它是牵一发动全身的超大城市治理改革。接诉即办改革所蕴含的丰富治理实践可以从不同理论视角进行分析，它既可以作为发展新理论的治理实验，又可以作为检验已有理论的经验证据。事实上，“理论源于实践，又用来指导实践”，从实践到理论，从理论再到实践，如此循环往复，这是我们党治国理政的重要传统。将接诉即办改革实践与已有的治理理论进行链接，既可以从理论层面来认知其背后所体现的一般规律，又可以为治理理论找到更多的现实场景，提升理论自身的外部效度，并且能够更好地对接诉即办改革进行理论叙事。接诉即办改革的关键词有三个，即政府、民众和公共事务，其核心是政府与民众通过对话、协商和谈判对公共事务及其治理达成共识，并且能够调动多层级、多部门、多组织和民众的积极性，最终实现问题有效解决，并进一步减少问题源，增加民众的获得感、幸福感和安全感，实现首都治理体系和治理能力现代化。

围绕政府、民众和公共事务，我们可以寻找多种理论来理解接诉即办改革实践。从合作生产理论的视角看，接诉即办是政府与市民围绕诉求及其解决的合作生产过程，它告别了传统的政府单向度治理模式，实现了双向有机互动；从整体政府理论的视角看，接诉即办是解决政府部门碎片化、扯皮和推诿等问题，进行无缝隙的整体政策建构的过程；从合作治理理论的视角看，接诉即办是政府与社会组织、市场组织、公众等通过信任和合作来解决问题的过程；从政策分析理论的视角看，接诉即办是一个发现问题和解决问题相结合的过程，它是以问题为导向的治理建构有效尝试；从公共价值理论的视角看，接诉即办是一个政府与民众围绕公共问题解决进行价值创造的过程；从话语制度主义理论的视角看，接诉即办是政府与民众之间的对话，也是政府间的对话，它是通过对话进行问题建构和共识形成的过程。

一、接诉即办的实践与理论

对接诉即办改革的理论透视，离不开对其实践和事实的探究。与自然科学的事实相比，接诉即办改革属于社会科学事实的范畴，所有社会科学的事实都包含着人类自身的认知、价值和判断，而这些认知、价值和判断是以语言为基础和载体的。事实上，离开了人类的语言，我们无法对什么是接诉即办改革进行清晰描述，更不可能厘清其内涵与外延。更为复杂的是，接诉即办改革除了涉及物理事实，如路灯是否得到维修、小区管道是否运行畅通等之外，还涉及制度事实，如响应率、满意率、解决率等“三率”，排名前 10 的街道乡镇、排名靠后的街道乡镇、治理类前 10 的街道乡镇等。制度事实是人类建构的事实，它需要依靠主体间认知才能够得到确认。例如，我们说大兴、西城、东城、怀柔是接诉即办治理绩效好的区，这些事实主要依靠接诉即办绩效考评规则生成，没有绩效考评规则，就没有绩效排名的制度事实。当然，由于绩效排名是由绩效考评规则生成的，这使得对这类事实的认可需要依靠对绩效考评规则本身的认可。被考评者越是觉得绩效考评规则科学、客观和公正，绩效排名的制度事实越会具有道义基础。这意味着，接诉即办改革研究涉及对物理事实和制度事实的探究，并且重点是对制度事实的理解和认知。

这也使得，对接诉即办改革的叙事，包含着双重建构。一方面，接诉即办改革的设计者对于什么是接诉即办有自身的认知，他们会界定接诉即办的诉求产生、办理过程和结果反馈，并对接诉即办过程进行描述，这是一个接诉即办的心智模型建构过程。接诉即办改革的各级治理主体及其互动，以及由此产生的社会状态改变和人们的评价，构成了接诉即办改革的实践。另一方面，研究者会对接诉即办改革进行建构，试图用概念工具和推理逻辑来对接诉即办改革进行描述、诊断和设计，对接诉即办改革所蕴含的规律进行发现，探究接诉即办改革中存在的重复性关系模式，对存在的问题进行诊断，并提出进一步改革的方案。只有当研究者所建构的理论模型与行动者行动时所隐含的模型一致时，理论模型才有解释力，理论才能够起到合理认知实践的作用。而当研究者所建构的理论模型与行动者行动时所隐含的模型不一致时，错误的理论和思想就会产生，此时会出现实践与理论分割所导致的“思想危机”①。

从理想状态上看，理论研究应该能够起到描述、诊断和规范作用。当接诉即办改革的设计者发现其预期目标与实际运行一致时，理论研究者需要研究其背后的一般规律，需要知道为什么如此。当接诉即办改革的设计目标与其实际效果不一致时，研究者能够通过诊断找出其中的错误认知并进行修正。这意味着，对“最佳实践”的关注和对问题的发现同等重要，通过前者来找出一般规律和最优路径，通过后者来对实践进行改进和提升。通过理论与实践的持续互动，实现理论发展与实践改进的协同演进。而对接诉即办改革的理论探索，既可以发现全新的理论，又可以使用现有的理论对其进行解释。接下来，我们将从现有理论出发，对接诉即办改革进行认知，这些理论包括合作生产理论、整体政府理论、合作治理理论、政策分析理论、公共价值理论和话语制度主义理论。这些不同理论从某种程度上，既是对接诉即办改革的多维认知，也体现了接诉即办改革实践本身的复杂性、丰富性和多样性。

二、合作生产理论：接诉即办是政府与市民的合作生产过程

合作生产理论是由著名诺贝尔经济学家埃莉诺·奥斯特罗姆和政治学家文森特·奥斯特罗姆于 20 世纪 70 年代提出的。他们认为，公共服务不能只由政府来提供、市民来消费，相反，市民也可以发挥重要作用；公共服务供给是一个政府和市民合作生产的过程②。对于合作生产，他们给出的定义是：合作生产是一个过

① Ostrom V. The intellectual crisis in American public administration[M]. Tuscaloosa, Ala.: University of Alabama Press, 2008.

② Alford J. The multiple facets of co-production: building on the work of Elinor Ostrom[J]. Public management review, 2014, 16(3): 299-316.

程，通过这个过程，不在同一组织中的个人的投入转化为商品和服务。对于合作生产，他们区分了“正规生产者”和“消费生产者”，其中“消费生产者”不属于“正规生产者”所在的组织，这样“消费生产者”通过投入时间、精力和物质为公共服务生产做出贡献。合作生产理论提出之后，经过一段时间的沉寂，于 21 世纪再次引起学术界重视，并且成为公共管理的主流理论之一。合作生产理论随后在两个方面进行了拓展，一是合作生产的对象，二是合作生产的阶段。对于合作生产的对象，研究者不仅提出市民个人是合作生产的合作者，还强调小团体和社群同样是合作者。当然，研究者对合作生产的合作伙伴进行了严格界定，以便将合作生产理论与合作治理理论进行区分，后者主要是以正式组织作为合作伙伴的。至于合作生产的阶段，研究者则提出了合作委员会、合作设计、合作交付、合作评估等环节，以丰富合作生产的内涵和外延；通过扩展合作生产的阶段，进一步明确了市民、团体和社区在合作生产中的角色。

接诉即办改革很好地契合了合作生产理论的基本内涵，它不仅是以市民诉求为驱动的超大城市治理的合作生产，更是以人民为中心的超大城市治理变革的实施路径。从接诉即办的诉求受理、诉求办理、诉求反馈等三个主要环节看，市民都发挥着关键而重要的作用。首先，接诉即办的发起者是市民，从这个意义上看，对于什么是问题，什么问题应该解决，主要是由市民和政府合作生产来建构的。市民向政府提出诉求，反映社会存在的问题，政府在接到诉求后需要进行研究，以决定是否纳入议程和采取行动。其次，接诉即办的办理过程也需要市民参与，政府官员通过与市民进行沟通，针对问题的原因、解决方案等征询市民意见，而有些政策实施也需要市民的参与与配合，如老旧小区改造就需要市民来参与设计和执行政策。最后，接诉即办的反馈过程也是以市民评价为主，通过市民的响应率、解决率和满意率等“三率”指标来生成乡镇、街道、区、市级部门的绩效排名。这说明，市民参与了评价的合作生产，告别了此前以内部评价为主的方式。由此可见，北京市通过接诉即办改革，率先找到了市民与政府之间合作生产公共服务和解决问题的方法与手段，这也是合作生产的中国经验和中国路径。

三、整体政府理论：接诉即办是整体政府的建构过程

整体政府理论又被称为“后新公共管理”(post-NPM) 或“协同政府”(Joined-up Government)，它并非一套一致的概念和工具，而是像新公共管理一样，通过构成

一个集合体来描述应对公共部门分立和公共服务提供碎片化的措施，强调政府部门间的协调、协同、融合和能力建设。汤姆·克里斯滕森等学者认为整体政府理论产生于英国、新西兰、澳大利亚等国家的政府改革实践，它主要是为了应对新公共管理理论所产生的协调难题，以及新出现问题的挑战[①]。一方面，新公共管理所主张的纵向分权、单一目标组织、部门化、绩效管理等改革举措，在现实中产生了横向和纵向协调问题，使得政治对行政的控制力减弱。这些分立、部门化、分权措施使得每个部门各自为政，不能够对更大目标承担责任，客观上也为协调、协同和联合带来障碍，反过来也对效率和效益等造成了损害。另一方面，随着人类社会进入不确定性、复杂性时代，越来越多的“棘手难题”和“结构不良”的问题产生，这些问题通常跨越政府部门、层级、地域的边界，使得原有的政府职责、部门设置与问题解决不匹配。为此，以推进政府部门间、层级间的纵向和横向协调、融合、协同与联合为目标的整体政府改革运动兴起，这些改革的目的是强化中央政府权威，加强纵向层级的一体化，通过新设立组织、组织改革和程序再造等促进政府部门间共同行动，并且通过树立“协同和联合”的伦理价值和行为准则来告别传统公共行政价值，使得这些价值与新的实践相融合。整体政府的范围十分广泛，既可以划分为政策制定层面的整体政府和政策执行层面的整体政府，又可以划分为横向连接的整体政府和纵向连接的整体政府，还可以将整体政府聚焦于地方、政府部门和小组等。整体政府是否能够实现预期的目标，这是一个有待经验证实的问题。

接诉即办改革无论是在诉求受理，还是问题解决，抑或诉求反馈方面都体现了整体政府的理念。在诉求受理方面，截至 2020 年，北京 12345 热线已整合包括 12315 市场监管热线、96310 城管热线等在内的 16 区 36 个部门共计 52 条政务服务便民热线，实现了诉求“一号受理”，这是诉求受理的整体政府建构。通过热线整合，解决了市民与政府之间的联系难题，也帮助市民能够第一时间找到政府。在问题解决方面，接诉即办改革的很多内容都体现了整体政府改革策略，“吹哨报到”和“每月一题”是其中典型，这主要是由于诉求所涉及的问题通常跨越政府部门，使得传统的政府部门解决模式已经不能够适应新的问题情景。“吹哨报到”是一种促进整体政府得以形成的机制，它通过赋予街道、乡镇吹哨权实现条块整

① Christensen T, Lægreid P. The whole-of-government approach to public sector reform[J]. Public administration review, 2007, 67(6): 1059-1066.

合，这也是在街道、乡镇层面进行整体政府建构的尝试。“每月一题”则是一种以问题为导向推动整体政府得以形成的机制，它通过聚焦 12345 热线反映的高频问题和共性问题形成牵头部门和相关部门联合办理的问题解决机制，这也是在政府高层进行整体政府建构的尝试。市民对 12345 服务热线反映的问题解决结果是否满意，也通过统一平台来进行评价，这在反馈和评价方面实现了整体政府建构。

四、合作治理理论：接诉即办是政府与社会的合作治理过程

合作治理也是治理理论的最新发展，它代表了治理理论的核心和精华，即对于合作的强调和重视，通过合作实现治理，也使得治理回归到其本来的含义。合作治理作为实现组织之间、政府内外之间合作的形式，主张国家—市场—社会的有效合作和多主体之间合作。在理论模型的建构中，有代表性的主要有两个理论模型，即克里斯・安塞尔等的“合作治理的权变模型”（A Contingency Model of Collaborative Governance）和爱默生等试图开发的“合作治理的整合性框架”（An Integrated Framework for Collaborative Governance）[①]。在“合作治理的权变模型”中，克里斯・安塞尔和艾利森・盖西通过对 137 个合作治理的个案研究，发现了影响合作治理成功与否的因素，这些因素包括冲突和合作的历史、利益相关者参与的激励、权力与资源不平衡、领导力和制度设计等。此外，还有一些影响因素对合作过程很重要，包括面对面对话、信任建立、承诺发展和共享信念建立等。在“合作治理的整合性框架”中，爱默生等则发展了一个更为宏观的分析框架，这一分析框架由一些嵌套的维度构成，这些维度主要有三类，即一个更大的系统，合作治理政体（collaborative governance regime，CGR），以及合作治理政体中动态演化所导致的行动、结果、影响和适应性等；他们还初步提出供理论检验的 10 个命题，这 10 个命题包括了合作治理产生的条件、合作过程与动机、联合行动的能力、合作行动、合作行动的结果以及合作行动的可持续性等问题。应该说，这两个理论模型都强调了信任、承诺、相互理解、合法性等在合作治理中的作用，这也意味着合作治理本身是合作的理念在多组织共同行动情景中的应用。

---

① Ansell C, Gash A. Collaborative governance in theory and practice[J]. Journal of public administration research and theory, 2008, 18(4): 543-571; Emerson K, Nabatchi T, Balogh S. An integrative framework for collaborative governance[J]. Journal of public administration research and theory, 2012, 22(1): 1-29.

接诉即办改革的关键是问题解决，问题解决的过程也是政府与社会合作的过程，需要避免政府的“独唱”，而应该是基于政府与社会合作治理的“大合唱”。接诉即办改革所体现的合作治理理念已经在街道和社区回应市民诉求中得到了很好体现，其基本思路是通过党建引领来调动各方积极性，真正实现共建共治共享的接诉即办工作格局。党组织既不能缺位，又不能越位，要着重考虑如何在“总揽全局、协调各方”的定位之下，既能够激发各方的积极性，同时又避免对居民自治的挤出效应，突出居民的主体性。房山区长阳镇嘉州水郡北区社区通过“党建统筹，九元共治”工作法来破解接诉即办改革难题，就是合作治理的典型。嘉州水郡北区社区是一个超大型社区，拥有 4 650 户，常住人口 2 万多人，要回应这么多居民的诉求，做好社区服务，落实首都各项政策，必须在社区治理精细化上下功夫。“党建统筹，九元共治”主要指统筹社区党组织、社区居委会、社区工作站、物管会（业委会）、物业企业、辖区单位、社会组织、社区民警、社区居民等 9 类社区治理力量，推动社区治理和接诉即办工作。嘉州水郡北区社区通过党建工作协调委员会、社区议事厅、“我来办”工作站、全能社工首接负责制、社区服务队伍等组织体系建构和制度安排，来对社区事务进行定义、明确职责和推动解决，很好地将社区居民的诉求服务和基本服务有机结合，建构起完善的政府提供服务、社会组织服务和居民互助服务体系。

五、政策分析理论：接诉即办是问题发现和问题解决的过程

政策分析理论的核心是理性选择过程，主要研究如何基于理性针对公共问题采取有效政策实现预期目标。政策分析理论是科学逻辑应用于公共政策的产物，它要求公共政策通过科学逻辑和方法提升其质量，以实现人类所偏好的价值。韦默和瓦伊宁将政策分析概括为七个基本步骤，即理解问题、选择并解释相关的目标和限制、选择解决方法、选择评价标准、说明备选政策、评价、推荐行动①。这意味着，政策分析的过程就是应用理性进行问题解决的过程，它涉及两个环节，一个是问题分析环节，另一个是解决方案分析环节。在每一个环节中，理性都发挥着重要和关键的作用。在问题分析环节，通过理性去识别问题、确定目标和寻找解决方法，其中非常重要的是对问题进行界定，弄清问题的本质和原因。从这

① Weimer D L, Vining A R. Policy analysis: concepts and practice[M]. Boca Raton: Taylor & Francis, 2017.

个意义上看，政策分析是一门问题分析的学问，没有问题就没有公共政策，问题是公共政策存在的前提和基础。而对问题产生的原因进行深入分析，才可能提出减缓问题的替代性备选方案。所有对替代性备选方案的选择，都会涉及人类的价值标准和目标设立。没有价值和目标，政策分析就会失去方向。在解决方案分析环节，涉及用什么样的评价标准来对替代方案进行评价，并对最好的方案进行选择。对问题分析的最终目的是为了解决问题，因此解决方案的选择成为政策分析的核心内容，这主要涉及解决方案与政策问题之间是否匹配。为此，在解决方案的选择中既需要涉及解决方案可能导致结果的预测，也要涉及对解决方案进行选择的评价标准本身的选择，只有标准和预测都得到有效处理，才能够生产出合适的解决方案。

接诉即办改革也涉及政策分析中的问题分析和解决方案分析两个环节，这也是保证接诉即办科学性的基础。接诉即办中的诉求受理涉及问题分析，它需要考虑市民的诉求是否具有正当性、合理性和适宜性，是否属于公共问题，是否需要政府采取措施来进行干预，只有这些问题得到肯定性回答，才会进入问题原因分析和可能的备选方案设计阶段。当前，接诉即办改革中争议比较大的问题就是诉求是否合理和合适，即对于诉求是否属于公共事务范畴的争论。当政府觉得诉求属于应该给予回应的范畴时，就需要对诉求产生的原因进行分析，这涉及职责、权限和方案提出等阶段。当诉求产生的原因得到分析后，就会进入诉求解决的环节，解决方案分析的过程也是考验决策者智慧的重要内容。关于诉求的问题，有些属于简单问题，它们通常能够得到很好的解决，也不需要创造性活动。但是随着接诉即办改革的深入，出现大量“棘手难题”，这些“棘手难题”通常是“结构不良问题”，没有简单的解决方案，涉及多个治理主体，此时可能出现推诿、扯皮和推卸责任等现象。在问题解决环节，既涉及对谁应该来处理和解决问题达成共识，也涉及应该采取什么政策工具来推动问题解决。当问题难度本身很大时，很可能需要采取一系列的政策工具来推动问题解决，这属于“政策工具谱系”或者“政策工具混合”。因此，提升问题解决的能力，储备更多的政策工具箱，创造性提出解决方案，这是继续深化接诉即办改革的关键。

六、公共价值理论：接诉即办是政府与市民的公共价值创造过程

马克·穆尔（Mark Moore）1995 年出版的《创造公共价值：政府战略管理》

（*Creating Public Value: Strategic Management in Government*）提出包含支持与合法性、运作能力、价值等内容的战略三角框架（strategic triangle framework），该理论激发了大量不同国家和背景的公共价值创造理论和实践的文献发表，公共价值正在成为一个重要研究领域①。公共价值理论主要关注的内容有两项，一是公共价值是什么，二是如何创造公共价值。对于公共价值的定义，研究者一般认为公共价值是民众对政府的期待，民众希望政府提供的公共价值包括：高绩效和服务主导的公共机构；公共组织在实现预期社会成果时是有效率且有效益的；公正、公平运作并为整个社会带来公正、公平条件的公共组织。对于创造公共价值，马克·穆尔从公共部门战略的角度提出公共价值创造的路径，强调管理者的价值创造能力，他认为组织战略必须有实质价值、必须具有法律和政治上的可持续性、必须具有运作和管理上的可行性。为了实现价值创造，他主张公共管理者要学会观察环境，利用机会识别公共价值，通过各种方式获得上级支持，提升运作能力，如此方能实现公共价值的创造。此后，有研究者从价值共创和制度设计的角度对战略三角框架进行了补充，使得公共价值创造路径更加完善和丰富。价值共创路径主张公共价值的创造过程是一个多元主体联动协同的过程，发挥众多行动者而非单一管理者的力量是价值创造中治理共同体打造的关键。制度设计路径主张设计和实施规则与程序，以激励或约束行为，并使其符合特定的价值观，实现预期目标。

接诉即办改革符合公共价值理论，它是一个政府与民众之间围绕诉求而展开的公共价值共创过程。接诉即办在进行公共价值创造的过程中，发展了一条不同于西方国家的路径，即在上级领导权威支持、制度设计、组织平台三者相互作用下，公共价值得以创造。面对作为民众诉求集合的公共价值，公共管理者个体是难以实现价值创造的，整体性的政府组织才是价值创造的主体。因此，面向政府，结合中国体制，公共价值的创造依然需要支持与合法性，主要是指领导权威。领导权威识别来自公众的诉求，然后自上而下地推动改革以回应民众诉求。接诉即办改革作为北京市委、市政府的中心工作，是由北京市委主要领导推动的，在政治上具有权威性和合法性。对于政府而言，其运作能力的实现需要治理体系的建构，所以需要制度设计和组织平台搭建，以替代战略三角框架中的运作能力。领

① Moore M H. Creating public value: strategic management in government[M]. Cambridge, MA.: Harvard University Press, 1995.

导权威在识别公共价值后，设计或整合相应制度激励或约束基层执行者的行为，推动组织平台搭建以聚合信息和资源，进而撬动整个改革进程。因此，接诉即办改革既需要依靠一系列的制度设计来保障诉求回应、诉求办理和诉求反馈的全系统运行，又需要通过热线服务中心和各级接诉即办平台来推动不同治理主体实现问题解决，最终实现人民满意的公共价值创造过程。

七、话语制度主义理论：接诉即办是政府与市民的对话、沟通和共识建构过程

话语制度主义理论由美国学者维维恩·A. 施密特提出，这一理论不同于理性选择制度主义理论、历史制度主义理论和社会制度主义理论，它强调观念和对话在制度研究中的作用，试图提出一个从观念和对话角度来理解制度和制度变迁的新制度主义理论[①]。观念和对话是话语制度主义理论的核心要素，其中观念是对话的实质内容。观念可以有不同的层次，如政策层面观念、程式层面观念和哲学层面观念；观念也可以有不同的类型，如认知观念和规范观念。认知观念是对事实和因果关系的描述和推断，而规范观念则是对价值判断和偏好的陈述，也是对理想状态的设定。与其他制度主义理论只是从静态角度理解观念不同，话语制度主义理论从动态角度理解观念，突出作为观念互动的对话过程，这样观念本身成为对话的内在组成部分，而不是某种外在因素。从这个意义上看，对话是一个传递观念的互动过程。一般而言，对话会以两种形式展开，即协调型对话和沟通型对话。在政策领域，协调型对话主要涉及政策建构中的个人和团体，他们围绕政策观念的创造、阐述和扩散展开，最终目标是内部主体对政策本身达成共识。沟通型对话主要发生在政治和公共领域，它涉及政治家和大众之间围绕公共政策的合法性展开的对话，它是一个信息沟通、说服和协商的过程，通过这个过程政策观念得以呈现、审视和合法化，最终目标是外部主体对政策本身达成共识。通过引入观念和对话，话语制度主义认为制度不是某种外在规则，而是兼具外在规则和内在建构双重属性的规则。正是因为规则成为行动者自身意义的一部分，使得具有“背景性观念能力”的行动者在特定的意义语境之中，能够解释制度的创造与

① Schmidt V A. Discursive institutionalism: the explanatory power of ideas and discourse[J]. Annu. Rev. Polit. Sci., 2008 (11): 303-326.

持续；具有“前景性话语能力”的行动者在遵循交往逻辑之中，能够解释制度的变迁与维系。

话语制度主义理论为接诉即办改革提供了一个新的解释视角，突出观念和对话对接诉即办改革的作用。从话语制度主义理论的协调型对话和沟通型对话的视角看，接诉即办改革也可以看作是两种对话，即政府与民众之间的对话以及政府部门之间的对话。接诉即办是政府与民众之间的对话，对话的核心是诉求是否具有正当性，是否应该纳入集体行动范畴，是否应该采取行动，是单独采取行动，还是通过政策采取行动。诉求的反映通过话语来进行，不可避免地会受到观念影响，不同观念会对诉求的正当性、合法性、适宜性给出完全不同的价值判断甚至得出相反的价值主张，这就需要通过持续对话来形成共识。接诉即办改革也涉及不同层级政府之间、政府部门之间的对话，它涉及诉求由哪个层级政府或部门来解决，应该采取什么手段和方法来推进问题解决。与政府和民众之间有关“问题发现”的对话不同，政府部门间的对话更多围绕着“问题解决”展开，当然在“问题解决”对话中有可能重新发现问题。例如，从接诉即办到“主动治理、未诉先办”就是一个从“问题发现”对话到“问题解决”对话再到“问题发现”对话的循环过程，通过持续不断的对话来形成共识，实现城市治理的价值诉求。这也意味着，不同类型的对话既可以单独展开，又可以相互促进，而且还是一个持续反复的过程。

第三章

接诉即办的框架结构

自 2019 年 1 月 1 日开始，北京市对 12345 市民服务热线进行创造性改造，通过扩大业务范围、增加功能、改造流程和建立制度，形成了以接诉即办为牵引的超大城市治理新机制。经过近两年的运行，接诉即办正成为北京市委、市政府与民众之间的“连心桥”、新时代群众工作的新范式、超大城市基层治理的新举措、践行人民城市为人民的新机制，为首都城市“四个中心”战略定位和“四个服务”的要求提供了基础，极大地提高了首都治理体系和治理能力现代化水平。

从 12345 的知晓率、使用率、响应率、解决率、满意率和变革率等各个方面看，接诉即办都交出了满意答卷。接诉即办正在成为超大城市治理创新的新路子，代表了超大城市治理的方向，符合城市治理的一般规律和理论。通过实地调研和观察，我们发现接诉即办的北京经验可以总结为一核两翼、四个全面和一个保障。“一核”是指接诉即办的核心是“以人民为中心”，遵循“人民城市人民建，人民城市为人民”的新理念；“两翼”是指接诉即办由“接诉”和“即办”两个体系构成，较好地平衡了发现问题和解决问题两个方面；“四个全面”是指接诉即办倡导全治理主体参与、全过程闭环管理、全方位制度创新、全面化城市体检；“一个保障”是指坚持党的领导，持续对接诉即办配置注意力。

一、接诉即办的核心是以人民为中心

以人民为中心是党和国家治国理政的最重要经验，这一原则在超大城市治理中就需要贯彻城市的人民性，让生活在城市中的人民感受到温度，真正实现“城市让生活更美好”。为了给人民提供更好的服务，我们的城市政府推行了政务服务改革，通过建立政务服务中心让民众“只进一扇门”，“办好一件事，最多跑一次”，实现了“一网、一门、一次”改革，大大提升了民众的办事效率[①]。通过政务服务改革，我们逐步解决了“门难进、脸难看、事难办”的问题，民众的获得感大大提升。

北京市的接诉即办改革是在推动政府与民众之间有效互动、真正实现互动治理中以人民为中心迈出的关键一步。民众除了办理政务服务之外，还面临着各种各样的问题需要政府来解决，或者需要政府协助来解决。由于公共事务的专业性和复杂性，民众常常不能够第一时间找到合适的政府部门解决自身诉求，或者反映他们对于治理的意见和建议。这使得民众在与政府交往中常常有一种无力感，遇到事情不知道应该找谁来解决。北京市通过 12345 市民服务热线电话，建立了一个民众直接找政府、一次找政府的渠道和机制，这是更深层次的以人民为中心。

接诉即办依托 12345 市民服务热线，对其业务、功能、流程和制度进行全面变革，使之成为超大城市治理中政府与民众有效互动的北京样本。“一号响应”是接诉即办的最大特点。2019 年以来，北京市已经整合 54 条全市政府服务热线，将全市 16 个区、343 个街道乡镇、市级部门和公共服务企业全部接入 12345 热线平台系统，企业和群众诉求实现了全口径的统一。在“一号响应”的基础之上，接诉即办通过直接派单在事件办理上下功夫，让民众反映的诉求得到有效解决。

接诉即办的建立，使得各级政府重新开始重视群众工作，在治理中考虑民众的需求、意见、感受和态度，“人”在治理中的重要性突显，政府和民众的疏离感降低，实现了“从群众中来，到群众中去”“一切为了群众，一切依靠群众”的治理变革。接诉即办在积极响应民众诉求的基础之上，推动民众参与到各个治理主体的治理过程，实现了政府与民众的有效协商和沟通，将诉求解决的评价权赋予民众，并且进一步探索“主动治理”和“未诉先办”，真正实现超大城市治理的全过程以人民为中心。

二、接诉即办的两翼是发现问题和解决问题

接诉即办要获得合法性，关键在于其能否解决民众在城市中遇到的合理诉求和问题，这也是以人民为中心的应有之义。为此，接诉即办遵循理性逻辑，将问

---

① 李文钊．界面理论范式：信息时代政府和治理变革的统一分析框架建构 [J]. 行政论坛，2020，27(3): 129-135.

题解决的过程划分为发现问题和解决问题两个环节，分别对应为“接诉体系”和“即办体系”。北京市通过不断完善接诉即办体系，逐步形成了以人民为中心的问题解决超大城市治理范式。北京作为首都，一方面需要按照“四个中心”定位来完善城市的规划、建设与管理布局，这是一个自上而下的过程；另一方面还需要根据“四个服务”要求来解决城市治理中面临的各种问题，这是一个自下而上的过程。通过自上而下和自下而上的有机互动，最终来推动首都治理体系和治理能力现代化。接诉即办的提出，既是为了检验“四个中心”功能定位的实现情况，又是为了通过满足市民的具体需求来推动“四个中心”功能定位落实。

发现问题是12345市民服务热线建立的初衷，也是“接诉体系”的全部要义。人类是问题解决的动物，通过一个一个问题的解决，人类的生活环境得到改善。同样，良好的城市治理也需要解决问题，尤其是解决生活在城市中的市民遇到的问题，通过对城市治理问题的解决来提升城市治理水平。由于一个人的注意力和理性有限，个体不可能完全发现城市治理中存在的问题。但是，当每一个人都从自身利益和诉求出发，就会发现很多决策者看不到的问题。12345市民服务热线通过接诉直接收集从市民角度反映的城市治理问题，这是城市治理改善的前提和基础。此前，对于城市治理问题的发现，我们更多的是从决策者视角进行思考和分析，通过12345市民服务热线，将问题发现权归还给民众，真正实现“知屋漏者在宇下，知政失者在草野”。问题没有被发现并不意味着没有问题，只是问题被隐藏起来了，这可能造成更大的问题。北京市大力发展12345市民服务热线，也体现了着力解决市民提出的城市治理问题的勇气。

解决问题是“即办体系”的内在要求，也是北京市接诉即办体系最具有创造性的部分。对于民众提出的诉求和问题，有些可能很容易解决，这些容易解决的问题会很快得到办理。而有些问题可能不是公共问题，还有一些问题可能是涉及历史遗留的复杂问题和棘手问题，对于这些问题的解决不仅考验决策者的智慧和勇气，更是对其治理能力和治理水平的检验。北京市将问题的“解决率”作为重要考评指标，就体现了对问题解决的决心。很多时候，不仅问题本身复杂、棘手和结构不良，而且还会涉及跨层次、跨领域、跨部门的治理主体，这更对问题解决提出了挑战。与此同时，当一般难度问题和中等难度问题得到解决时，也会激励人们提出更复杂和更困难的问题，希望政府解决这些更深层次的难题，这是问题解决的“正反馈”机制。

由于发现问题和解决问题的主体不一样，这就使得发现问题和解决问题中可能存在着“委托代理关系”，接诉即办要发挥作用，需要不同主体的有机配合和协同治理。一般而言，对于发现问题的主体，他们通常有动力推动更多问题被发现，这些问题发现成为其绩效的体现；对于解决问题的主体，他们通常希望更少问题被发现，这样其问题解决的压力也会减少。如何有效平衡发现问题和解决问题，推动发现问题的有效解决，促进问题解决者主动发现问题，这些都是接诉即办进一步深化改革需要考虑的问题。

三、接诉即办的基础是全治理主体参与

就接诉即办而言，北京市实现了问题发现的治理主体统一以及问题解决的治理主体多元化，通过调动全治理主体参与问题解决，接诉即办的多元治理主体有机融合体系初步形成。发现问题可以通过知识积累实现专业化，“一号响应”也有利于节省问题反映人的交易成本。解决问题则需要依托现有的条块和层级治理结构，并且调动现有治理结构积极性和主动性来促进问题解决。这意味着，现有治理主体需要同时面临自身的议程和来自专业化问题发现者设定的议程，并且最终需要实现两者的平衡和融合。

12345 市民服务热线通过直接将诉求派到街道和乡镇，促进形成在基层和一线解决问题的治理格局。2019 年以来，北京市的接诉即办一改之前的运行模式，直接根据“三定”方案，将相关诉求下派到基层，促进问题在街道和乡镇解决，真正实现“小事不出社区，大事不出街乡，难事条块一起办”。事实上，接诉即办是北京超大城市基层治理变革的延伸和拓展，它是对“吹哨报到”的深化，也是检验赋权、下沉和增能的试金石。为了将压力传导给基层，北京市接诉即办体系将街道乡镇排名作为考评体制的一个重要内容。

12345 市民服务热线也十分注重区级和市级部门在“即办体系”中的作用，推动区级部门和市级部门与街道一起来促进问题解决。对于一些重要的问题，12345 市民服务热线实现了“双重派单”，还有一些问题直接派单给区级政府和市级部门。为了激励不同治理主体参与问题解决的积极性，北京市接诉即办体系还分别对各区、委办局和公共服务企业进行排名，尤其是避免委办局和公共服务企业成为“旁观者”“作壁上观”，否则不利于问题解决，更不利于长效机制建立。

除了街道、社区、区政府、委办局、公共服务企业等参与问题解决之外，纪律部、组织部等职能部门也能够通过发挥各自职能参与到接诉即办体系中，为不

同治理主体参与问题解决提供激励和约束机制。市纪委和区纪委针对接诉即办进行专项监督，围绕办理群众诉求态度恶劣、作风粗暴，假办理、假作为、假履职，整改不力、未见实效等十二类问题展开，取得了较好效果。2020 年 1 月至 10 月共发现问题线索 1 032 个，组织处理 448 人，给予党纪政务处分 7 人，下发纪律检查建议书、监察建议书、提醒函 102 份。组织部等部门也将接诉即办的办理情况作为干部考察和任用的重要依据，推动干部担当和作为。

四、接诉即办的关键是全过程闭环管理

接诉即办要真正实现以人民为中心，增加民众的获得感、幸福感和安全感，还需要在问题解决的治理科学上下功夫，真正让发现问题和解决问题都建立在坚实的理性、专业和科学逻辑之上，以最小的代价来促进问题解决。为此，北京市接诉即办体系按照问题解决的自身逻辑，遵循专业、理性和协同原则，实现了问题识别、分类、派单、办理、考评、通报、预警等全过程闭环管理。在这些闭环管理过程中，问题识别与派单、诉求办理与解决、结果考评与反馈、治理预警与反思等环节十分关键和重要。

问题识别与派单是接诉即办的问题发现环节，其核心是第一时间将民众的诉求转化为可以操作和解决的治理事件，并且安排相关责任主体来解决。是否可以让问题反映者能够第一时间以最低成本来反映自身诉求成为衡量接诉即办便利性和可获得性的首要标准，在这方面北京市进行了很多探索，主要是围绕整合热线和渠道展开。当前，北京市在整合不同渠道诉求方面进行了很多探索，旨在畅通电话、网络、媒体等全方位的接诉渠道。一旦诉求获取，就需要对诉求进行分类和派单，寻找问题解决者。而问题解决的困难在于，是否可以将问题与治理主体进行有效匹配，这涉及职责权限等问题，会倒逼政府自身变革。

诉求办理与解决是接诉即办的问题解决环节，其核心是不同治理主体调动自身资源，在权限和职责范围内帮助民众解决问题和满足诉求。针对不合理的诉求，要做好说服工作，赢得诉求方认可。是否准确派单是问题得到有效解决的前提，而一旦精准派单，则能够既解决问题又让诉求方满意，这既是治理科学，又是治理艺术。为了让治理主体有效解决问题，问题发现者对问题解决者设定了时间限制，要求根据不同诉求在不同时间范围内解决问题。对于棘手的难题和历史遗留问题，还需要通过发挥协同办理、统筹推动、督查督办等机制的作用，实现不同

治理主体的协同发力。

结果考评与反馈是接诉即办的效果评价环节，其核心是回答问题是否得到真正解决，诉求主体是否满意。这涉及两个重要内容：一是能否对不同治理主体办理诉求事项进行科学、客观、公正和理性的评价，通过评价真正实现绩效改进，提升治理能力和治理水平；二是能否及时有效地使用考评结果，对于问题解决好的街道乡镇、委办局、区委区政府等，是否能够将考评结果与干部晋升、评级、绩效奖励等挂钩，让考评制度能够真正发挥实效。当前，北京市接诉即办体系已经建立了针对“三率”和“七有”“五性”的考评指标体系，未来还需要结合现有数据以及首都特点，制定更加多元的绩效评价指标体系，让评价有效促进问题解决和治理能力提升。

治理预警和反思是接诉即办的改进提升环节，其核心是回答在问题解决过程中，能否通过基础性制度创新和治理创新来减少问题和诉求产生，进而减少超大城市治理中的各种风险，实现超大城市治理的可持续发展。这意味着北京市接诉即办不仅要解决当前问题，还要解决长远问题，不仅要应对问题，还要预防问题，要跳出接诉即办来看待接诉即办，实现接诉即办效用最大化。简言之，我们需要通过接诉即办来实现超大城市治理的持续学习与改进，从根本上避免问题发生。

五、接诉即办的持续是全方位制度创新

接诉即办要具有可持续性，就需要分别针对“接诉体系”和“即办体系”建立制度，通过制度来规范和完善全过程闭环管理，明确多层次、多类型治理主体职责，本质上也是接诉即办规范化、程序化、标准化和法治化的过程。制度是对允许什么、禁止什么和许可什么的规定，它是一套激励和约束规则。而要使接诉即办可持续，就需要将发现问题和解决问题的流程制度化，使得诉求者、问题发现者、问题解决者等各方都有稳定预期。

什么是问题，什么不是问题，什么是合理诉求，什么是不合理诉求，这是接诉即办首先需要解决的制度问题，这一制度的设定为问题发现和问题解决划定框架。当前，北京市接诉即办将诉求划分为咨询、建议、举报、投诉、需求等不同类别，这是对诉求分类制度的有益尝试。考虑到 12345 市民服务热线本身也是稀缺的公共资源，我们需要通过完善制度来形成诉求人反映问题的预期，促进真问题和真诉求的提出。

针对问题解决、评价与反馈等也需要建立制度，通过制度实现问题与治理主体之间有效链接，推动评价与反馈本身的合法性。为此，北京市接诉即办体系需要在此前的权力清单、责任清单、负面清单等制度基础之上，形成多层级、多治理主体的职责清单制度，只有明确这些制度才能够提高问题解决的效率和积极性。与此同时，在建立接诉即办考评和反馈制度的同时，需要针对问题解决本身的特性，结合绩效管理一般规律，形成长期性、规范性、稳定性的考评和反馈制度。

接诉即办所形成的数据资源，也需要建立制度来促进数据治理，提升城市治理智能化水平。接诉即办形成的数据资源是问题解决的“副产品”，而这些数据资源也成为反映城市治理水平的“晴雨表”，成为城市治理中最有价值的数据资源之一。当前，接诉即办的数据资源使用主要局限在政府部门内部，下一步应该建立数据开放的制度，通过数据治理来推动城市治理，促进城市治理智能化水平提升。

制度的生命力在于执行，针对接诉即办建立的各项制度，还需要通过不同的实施机制来保证其可执行性，避免制度成为一纸空文。这就要求通过监测和惩罚机制的建立，来保证接诉即办各项制度的有效实施。为了避免民众滥用接诉即办制度，形成有效利用这一渠道的机制，就需要通过“信用制度”来约束相对方。

六、接诉即办的创新是全面城市体检

发现的问题越多，解决问题的成效越好，接诉即办的效果就越明显。反过来这也鼓励民众提出更多的诉求，更多诉求会产生更多问题，给问题解决带来更多的挑战，又会进一步影响接诉即办成效和作用的发挥。要避免接诉即办悖论产生，就需要在源头治理、系统治理、主动治理和综合治理上下功夫，从问题解决向促进问题解决的体制机制建设方面转变，推动首都治理体系和治理能力现代化。这就意味着，我们需要区分两类问题解决，一类是针对问题本身的问题解决，另一类是针对问题产生的问题解决。前者的问题得到解决，直接表现为问题提出者的获得感和满意度提升；后者的问题得到解决，则直接表现为问题本身的减少，这也是治理的最高境界，是减少问题产生的治理科学。

从问题解决到促进问题解决的体制机制创新，就是要将接诉即办看作是对首都超大城市治理的“体检”，是对首都治理体系和治理能力现代化水平的实时监测、检验和衡量。当前，北京市正在从接诉即办向“主动治理、未诉先办”转型，未来形成接诉即办、“主动治理”和“未诉先办”等共同存在的局面，这就是北京市推动减少问题产生的治理体制机制建立的尝试。接诉即办代表了问题解决的第一层次，直接解决诉求者提出的问题；“主动治理”代表了问题解决的第二层次，通过“举一反三”来解决一类问题；“未诉先办”则代表了问题解决的第三层次，主动去谋划和发现问题，在问题还没有形成时就解决问题。

正是结合接诉即办反映的问题和诉求，北京市推动了一系列制度变革，先后出台《北京市街道办事处条例》《北京市物业管理条例》《北京市生活垃圾管理条例》《北京市文明行为促进条例》等文件，为超大城市治理提供了基础性制度设施。下一步，北京市还会针对接诉即办反映的普遍性问题，探索制度性解决之道，通过建立制度来化解矛盾和纠纷，减少问题产生的生态和土壤。

事实上，我们还需要从“未诉先办”转向“自诉自办”，即问题解决的第四个层次，实现问题在萌芽和属地中得到自主解决，从而真正建立减少问题产生的体制机制基础。这就意味着，我们需要充分发挥不同治理主体的主动性、积极性和责任性，更多通过协商、对话和谈判来解决他们自身面临的问题，形成问题解决的技艺，擅长通过制度和自主治理来避免问题和解决问题，真正形成“人人有责、人人尽责、人人享有”的社会治理共同体。

七、接诉即办的保障是坚持党的领导

接诉即办的发起者是民众，问题解决者是各类治理主体，而真正能够促进诉求与治理主体有效匹配，使问题解决具有可持续性的则是坚持党的领导。北京市的接诉即办之所以在近两年时间内能够取得较好成效，与北京市委主要领导对接诉即办的重视是分不开的，更是将接诉即办作为工作重心和注意力分配重要内容的结果。很显然，如果没有主要领导的重视和注意力分配，以及与注意力分配相关的制度性建设，接诉即办不可能取得如此好的成效。

接诉即办成为 2019 年 1 月以来北京市委召开区委书记月度工作点评会的重要内容，这为市委主要领导对接诉即办持续注意力分配提供了制度基础。在月度工作点评会上，除了听取 3 ～ 4 位区委书记的工作汇报之外，一个重要内容就是通报接诉即办情况，分别会对综合排名前 10 的街道乡镇、环比进步前 10 的街道乡镇、诉求量前 10 的街道乡镇等进行公布，形成了先进类、进步类、整改类和治理类的街道乡镇分类，也会对各部门的排名情况进行公布，这些点评是各治理主体推动问题解决的持续动力。此外，北京市委还成立了市委接诉即办改革领导小组，负责全市接诉即办的顶层设计、统筹谋划、整体推进，这为接诉即办工作开展提供了组织保障。

在北京市委主要领导的带动下，各区委书记也分别召开了各自的区委书记月度工作点评会，推进各区的接诉即办工作，形成了开展接诉即办工作的合力。在推进接诉即办工作中，强调各级领导要党政同责，这也是党在接诉即办工作中实现总揽全局、协调各方的努力，这些注意力的制度性配置为接诉即办工作的开展提供了领导保障。

第四章
接诉即办的认知选择

2020年12月31日，北京市委召开全市区委书记月度工作点评会，公布接诉即办绩效年度排名。各区综合评分排名前三的分别是怀柔区、大兴区、东城区，排名最后的是昌平区。与2019年接诉即办年度排名相比，前两名没有变化，第三名和最后一名发生了变化（2019年排名前三的分别是大兴区、怀柔区、海淀区，排名最后的是房山区）。面对接诉即办的使命和挑战，为什么大兴区和怀柔区能够在接诉即办排名中持续名列前茅，而有些区出现断崖式下跌，有些区后来居上，有些区“名落孙山”，有些区知耻后勇？

这些问题既困扰着决策者，也给研究者带来困惑。排名背后存在着一般性规律吗？如何解释接诉即办的绩效差异？只有找出其背后的理论逻辑，我们才能够帮助绩效差的区、街道和部门来进行有效提升。通过对一些区、街道、市直部门的调研和观察，我们提出了一个厘清接诉即办绩效差异的认知假设，认为各区、各街道、各部门对于接诉即办认知模型的选择直接决定了其态度、偏好、评价和行为，并且最终影响了其排名。究其原因，只有当一个区、街道、部门真正接受接诉即办的理念和逻辑时，他们才会发挥主观能动性，一方面积极解决问题，另一方面真正实现主动治理和“未诉先办”。同样，只有从内心认可接诉即办，各级政府和部门官员才不会把接诉即办当作负担，而是将其视为其分内的职责范畴。当然，有关接诉即办的认知假设还有待定量和实证检验。

一旦有关接诉即办绩效差异的认知假设成立，那么如何提升对接诉即办的有效认知，既直接决定了我们是否能够把接诉即办工作做好，也将成为接诉即办可持续的根本性认知基础。为此，在接诉即办改革经过两年多运行实践之后，我们认为需要推动接诉即办的认知革命，用更好的认知模型代替认知偏见，形成有关接诉即办的共同知识、共享信念、社会责任和相互信任[①]。根据接诉即办的运行实

---

① Ostrom V. Epistemic choice and public choice[J]. Public choice, 1993, 77(1): 163-176.

践和话语叙事，至少可以形成对接诉即办的10个认知，即：（1）接诉即办是党和政府与民众互动的新界面；（2）接诉即办是党建引领“吹哨报到”改革的新延伸；（3）接诉即办是基层治理改革的新举措；（4）接诉即办是为民服务的新手段；（5）接诉即办是践行人民城市为人民的新机制；（6）接诉即办是以人民为中心的新实践；（7）接诉即办是民众给党和政府出的新考题；（8）接诉即办是疫情防控的新抓手；（9）接诉即办是新时代群众工作的新范式；（10）接诉即办是党执政合法性的新来源。

一、接诉即办是党和政府与民众互动的新界面

接诉即办最重要的两个主体是党和政府及民众，其核心是问题解决过程。民众向党和政府反映自身诉求，党和政府对民众的合法诉求进行有效解决。为了让民众更加方便、及时和高效地反映诉求，避免部门之间推诿，接诉即办实现了问题发现与问题解决的分立，通过12345市民服务热线建立了党和政府与民众互动的新界面①。过去每个部门都会有自己的热线电话和互动渠道，民众找一个部门打电话反映问题时，这个政府或部门通常只会说这个事是否是其职权范围内事项，一旦不属于其职权范围，他们也不会向诉求者回应谁应该对该事负责，这使得民众常常像无头苍蝇，到处碰壁，无功而返。作为党和政府与民众互动的新界面，接诉即办很好地解决了这一难题，实现了以整体政府回应市民个性需求，既是对政府“放管服”改革的深化，也是探索超大城市互动治理的新尝试。

现代社会最大的困境是专业化政府分工与一体化民众需求之间的矛盾，这使得民众找政府办事、获取服务和反映诉求都变得困难。专业化分工有其优势，通过分工实现政府事务的平行处理，实现了专业性和效率性的有机统一。与越来越复杂的公共事务以及针对公共事务治理的专业化政府分工相比，民众存在认知局限，通常不能够很快找到与其需求、问题和诉求相匹配的问题解决部门。为了解决这一问题，中国政府推行了“放管服”改革，建立一体化政务服务中心，推行线上政务服务，实行“一网、一门、一次”改革，让民众“只进一扇门”，“办好一件事，最多跑一次”。此外，通过政务服务的“好差评”制度，大大提升了政务服务水平。北京作为首都，在“放管服”改革和营商环境建设方面走在全国前列，

① 李文钊．理解中国城市治理：一个界面治理理论的视角 [J]. 中国行政管理，2019 (9):73-81.

政务服务改革基本上解决了民众获取政府政务服务的问题，民众获取政务服务的便利度和效率大大提升。

实现民众在日常遇到问题和难题向政府求助时也能够像获取政务服务一样“最多跑一次”，这是后政务服务改革时代面临的最大挑战①。接诉即办恰好解决了这一难题。它通过对12345服务热线的改造以及对政务服务内涵和外延的扩展，实现了对政务服务改革的深化，在“一网、一门、一次”的基础上增加“一号”，初步建立了具有首都特色的“一网、一门、一次、一号”的政务服务体系。这就意味着，通过12345服务热线这“一号”，党和政府与民众的互动有了新界面，实现了党和政府与民众之间实时、动态和持续的交互，民众找党和政府解决困难的难题得到彻底解决。民众给12345服务热线打电话和反映问题，接诉过程就代表了政府对市民的承诺，政府要认真对待市民诉求，并且最后对问题的解决情况和满意情况进行反馈。

一体化新型交互界面的建构，有利于党和政府与民众之间持续进行信息、偏好、态度、评价的有效沟通和反馈，在交互中进行学习、实验和创新，推动超大城市有效治理。及时、动态的交互界面建构是互联网时代对治理的新要求，也是治理从静态走向动态的必然要求，接诉即办提供了解决动态治理难题的替代性方案。交互界面有利于第一时间将问题解决，避免小问题成为大问题，也有利于治理迭代更新，让治理尽快适应环境变化，实现治理自身的稳健性、适应性和可持续性。

二、接诉即办是党建引领“吹哨报到”改革的新延伸

接诉即办不是从石头缝中蹦出来的，更不是凭空想象出来的，它是传统、改革和新理念相结合的产物。“接诉即办”一词最早出现于2018年11月30日北京市委召开的第四次区委书记月度工作点评会，当时主要是针对媒体反映的问题，提出：“凡是媒体曝光的问题，各级各部门都要闻风而动、接诉即办，坚决做到民有所呼、我有所应。”由此可见，接诉即办最初并非针对市民诉求，当然它与市民诉求具有类似的地方，主要是强调政府要回应外界反映的问题，尤其是要重视媒

① 郁建兴，高翔．浙江省“最多跑一次”改革的基本经验与未来[J]．浙江社会科学，2018(4):76-85.

体监督，因此接诉即办的初心仍然是民意和民心，最根本的还是以人民为中心。总体而言，接诉即办实现了政府由内而外的转变，通过外部诉求来推动自身改革。

随后，接诉即办创造性地将“吹哨报到”和 12345 市民服务热线进行有机整合，实现民众通过 12345 服务热线吹哨，各级政府和部门听到市民“哨声”，就要快速行动，及时响应。在 2019 年 1 月 29 日召开的 2019 年度北京市委首次区委书记月度工作点评会上，重新激活了 12345 服务热线，对党建引领“吹哨报到”改革进行了深化，根据诉求情况进行综合排名，提出：“各区街乡镇和市有关部门都要高度重视，每天好好看看市民开出的单子，坚持市民的诉求就是‘哨声’，闻风而动、接诉即办，真正做到民有所呼、我有所应。工作中，既要就事论事，有一件办一件，又要举一反三，从中梳理出一些共性问题，专项解决。”这意味着，北京市委开始将 12345 市民服务热线与“吹哨报到”改革进行对接，从街道乡镇吹哨到市民吹哨，把发现问题的权利归还给市民，政府则重点关注解决问题。“吹哨报到”目前仍然是主要的问题解决机制。

为了让市民更好地吹哨，北京市重新激活了 12345 市民服务热线电话机制，并对其进行有机整合和改造，实现“一号响应”，多渠道聚集，使得市民吹哨更便捷、成本更低、成效更好。当然，为了避免市民滥用吹哨资源，也需要对市民进行适当引导，使其能够客观、理性和有节制地吹哨，真正使 12345 市民服务热线成为党和政府与民众良性互动的平台，在推动问题解决的同时，促进首都治理体系和治理能力现代化。

“吹哨报到”是政府自身内部结构改革的重要机制，它强调通过让街乡吹哨，来解决条块分割问题，避免政府和部门之间扯皮，让“看得见的管得着”，发现问题的人能够及时解决问题，实现整体性政府诉求[①]。“吹哨报到”面临的一个短板是吹哨的部门和人员级别低、职权少，而被吹哨的部门和人员级别高、职权大，这种权力的不对等使得“吹哨报到”不太可能成为常态机制。事实上，很多街道和乡镇以前很少吹哨，一些街道官员反映下级向上级吹哨通常比较困难，他们没有太多动力和积极性通过“吹哨报到”机制来解决问题，这种机制只是一种最后的替代性机制。相反，一旦吹哨权从街道乡镇转移到民众，这就意味着吹哨权利实现了再平衡，民众不会考虑不同政府和部门的权力级别问题，只会考虑自身诉求

---

① 孙柏瑛，张继颖．解决问题驱动的基层政府治理改革逻辑：北京市“吹哨报到”机制观察[J]. 中国行政管理，2019(4): 72-78.

是否能够得到有效解决。同样，当市民吹哨之后，问题解决的责任被分配给街道和乡镇时，就会倒逼街道和乡镇使用“吹哨报到”机制来解决一些棘手和复杂难题。这样，接诉即办就构成了对党建引领“吹哨报到”改革的深化和延伸，更是对“吹哨报到”改革机制的再激活，为其发挥作用创造了更好的场景。

三、接诉即办是基层治理改革的新举措

“郡县治，天下安。”基层是国家治理的基石，基层治理更是超大城市治理体系的重要组成部分。建立简约高效的基层管理体制，推动在基层一线解决问题，提升基层治理能力，夯实基层治理基础，成为超大城市基层治理改革的方向①。基层治理改革从表面上看是基层政权、公共事务和民众三者之间的关系，从深层次看是国家与社会关系在基层的映射，它既涉及国家政权建设，又涉及社会自治，更涉及国家与社会之间的良性互动。因此，如何让基层政权有能力、有资源在第一线解决问题，打通国家治理的“最后一公里”，形成在基层一线解决问题的导向，成为国家治理和超大城市治理面临的共同挑战。为此，各个超大城市无不将基层治理改革作为城市治理变革的重要选项，街道、社区、社会组织等成为改革的关键主体。在这个意义上看，北京推行的“吹哨报到”、接诉即办也属于这个范畴。因此，2019 年 5 月 29 日北京市委召开区委书记月度工作点评会，明确提出：“‘吹哨报到’、接诉即办，实质上是基层治理的创新。”

当前，超大城市基层治理改革或采取自上而下的路径，由城市治理中的上级决策者通过改革来推动基层治理创新；或采取自下而上的路径，激发民众参与基层治理的积极性，实现法治、德治和自治的融合。自上而下的路径一般会针对基层治理中面临的问题，常常会选择赋权、下沉和增能等改革措施，强化和提升街道和社区的治理能力。此外，也会针对基层治理中的形式主义、官僚主义和负担过重等问题，采取减负等改革措施。自下而上的路径一般会通过加强协商、促进对话、让更多主体参与，实现自我管理、自我服务、自主决策、自主监督，从而提升乡村和社区自主治理能力。这些路径都在一定程度上提升了超大城市基层治理水平，基层治理薄弱的状况有所改善。

---

① 李文钊 . 重构简约高效基层治理体系的中国经验：一个内外平衡机制改革的解释性框架 [J]. 河南师范大学学报（哲学社会科学版），2020，47(2): 7-14.

接诉即办是基层治理改革的新举措，开创了自上而下与自下而上路径相结合的基层治理创新模式。接诉即办重新将市民放到基层治理更核心的位置上，围绕市民诉求所体现的需求和问题开展基层治理变革，让市民从基层治理的边缘走向中央，从单向的基层治理走向双向互动的基层治理，从合规式基层治理走向问题解决式基层治理，推动形成以市民为中心、面向需求和问题导向的具有首都特点的基层治理体系。接诉即办通过将属于街道和乡镇的事项直接派单，减少信息传递的中间环节，促进基层政权在一线解决问题。与此同时，接诉即办还将一些属于区政府、政府部门、公益事业、国有企业等职责范畴的事项，通过双重派单或者直接派单，形成不同层级政府和部门到基层解决问题的格局。通过让区政府和市政府部门直接与市民接触，改变了基层问题只是基层政府和基层政权的职责的传统观念，更是对狭隘的“属地管理”的纠偏，形成了解决基层问题的多元治理体系。这意味着，接诉即办既不是单纯的自上而下的实施，也不是单纯的自下而上的推动，而是寻找自上而下与自下而上相平衡的基层治理体系，从而最终形成解决基层问题的治理合力。

四、接诉即办是为民服务的新手段

为人民服务是我们党的宗旨，也是党和政府从事一切行政活动的出发点和落脚点，党和政府通过服务来提升民众的获得感、幸福感和安全感。改革开放以来，随着中国逐步从计划经济向市场经济转型，政府将工作重点放在经济发展上，这在客观上提升了民众的生活水平，但也在一定程度上忽略了对民众的服务，使得民众在与政府打交道时感到“门难进、脸难看、事难办”，政府和民众之间疏离感增强。为了改变这种局面，政府在政务服务和公共服务两个方面都进行了改革，使得政府回归服务本位，建立人民满意的服务型政府。政务服务是指各级政府、各相关部门及事业单位，根据法律法规，为社会团体、企事业单位和个人提供的许可、确认、裁决、奖励、处罚等行政服务。近年来，国务院通过加大“放管服”改革力度，推行“互联网＋政务服务”、“一体化在线政务服务”和政务服务好差评制度，使得民众获得政务服务的规范化和便利化水平快速提升。

与此同时，政府也开始注重公共服务提供改革。从2003年开始，公共服务和社会治理成为政府的重要职能之一，政府也开始从经济发展型政府向公共服务型政府转变。2012年首次印发《国家基本公共服务体系“十二五”规划》，明确指出："基本公共服务，指建立在一定社会共识基础上，由政府主导提供的，与经济社会发展水平和阶段相适应，旨在保障全体公民生存和发展基本需求的公共服务。"这开启了基本公共服务均等化、标准化和精细化的改革进程，使得民众能够以更低的成本获得更便捷、更优质的公共服务。这些规划的出台，以及政府对公共服务注意力分配的加强，使得政府加大了对公共服务的投入，服务型政府建设在各个方面都有所体现。

接诉即办是为民服务的新手段，它通过问题解决来回应市民诉求，本质上是为市民提供及时性、个性化和定制化的服务。事实上，接诉即办的推出，不仅有利于改进政府的服务提供质量和水平，而且还可以更好地回应民众诉求，为民众提供与自身特点相符合的个性化服务，最终提升政府服务和公共服务的品质与水平。2019 年 7 月 31 日，北京市委召开区委书记月度工作点评会，强调："接诉即办是我们服务群众的重要抓手和载体，是党建引领'吹哨报到'的进一步延伸，更是践行初心使命的试金石。"一般而言，政务服务只会考虑民众的一般性诉求，不会考虑个性化差异，这使得个人需要适应政府的服务框架。在没有接诉即办机制的前提下，个人通常会被动适应政府提供的标准化服务，而接诉即办使得一些个性化服务成为可能。例如，传统上，一般一家只能有一个户口本，北京的一个老人认为只有一个户口本不方便，通过 12345 市民服务热线提出要再办一个她个人使用的户口本，后来北京市公安局经过对各方面政策的研究和判断，决定给老人再办一个户口本。很显然，在没有接诉即办机制的前提下，这些服务提供是不可想象的。

随着接诉即办的继续推行，政府不仅会及时回应市民的服务诉求，还会根据市民反映的问题来改进政务服务模式和公共服务清单，让政务服务和公共服务提供与市民诉求更加匹配、契合度更高，从而实现政务服务和公共服务供给与需求更加一致。从这个意义上看，接诉即办既是政府服务提供的反馈机制，又是市民对公共服务提供需求偏好的显示器，通过接诉即办实现偏好聚合和需求聚集，真正解决政务服务和公共服务供给与需求不一致的难题。例如，北京市通过接诉即办发现了物业服务和物业管理中存在较大问题，直接推动了《北京市物业管理条例》的出台。

五、接诉即办是践行人民城市为人民的新机制

习近平总书记在对北京、上海等超大城市进行考察时，多次强调"人民城市

人民建，人民城市为人民”，城市的人民性成为中国特色超大城市治理的重要特征。要实现人民城市为人民，就需要在城市治理中感知人民的需求、回应人民的诉求、解决人民的问题，为人民提供服务，让人民来评价政府，按照人民要求规划城市。简言之，超大城市规划建设治理需要体现人民的主体性。人民城市人民建，人民城市为人民，作为一种理念要转化为治理实践，就需要寻找一些路径，实现政府决策与人民需求的有效链接。事实上，如何实现城市与人民之间的有效互动，构成了超大城市治理面临的普遍性难题。

接诉即办践行了人民城市为人民的新机制，找到了一条问题解决驱动基础性制度变革的超大城市治理新路子。接诉即办从正确对待民意开始。诉求是送上门的民意，必须要正确对待。在很多时候，民众反映的问题构成了对城市治理的反馈，只有城市政府能够及时有效回应，才能形成良性的正反馈机制①。城市政府通过回应民众诉求和解决民众问题，提升城市治理水平，民众通过问题解决和需求满足再次反馈城市治理中存在的问题，通过多轮循环往复，最后达到一个较好的平衡水平。可以预测，在一定时期之内，民众的诉求量还可能上升，但是随着城市治理水平的提高，民众诉求量应该会逐步减少，最终形成一个倒 U 形的市民诉求分布。接诉即办更是把城市治理中问题解决的评价权归还给人民，让人民满意不满意、高兴不高兴、喜欢不喜欢成为一切治理绩效的最终评价标准，这在很大程度上可以倒逼城市治理者回应民众诉求，为人民服务。

接诉即办机制在回应民众诉求、解决民众问题的同时，还通过举一反三、主动治理、未诉先办等机制的建立，实现了从问题解决到元问题解决，推动超大城市治理体系和治理能力现代化。诉求作为一种反馈机制，它是城市治理短板和弱项的“晴雨表”，诉求少不一定代表治理水平高，但诉求多一定是在治理方面存在不足，需要不断地改进。这意味着，不仅这些问题需要解决，还要进一步对产生问题的问题进行解决，这涉及元问题治理的问题。正是在这个意义上，接诉即办在更深层次上成为实现人民城市为人民的推动机制。

六、接诉即办是以人民为中心的新实践

接诉即办是以人民为中心的新实践，它主要通过践行“七有”“五性”的要

① Moynihan D P, Soss J. Policy feedback and the politics of administration[J]. Public administration review, 2014, 74(3): 320-332.

求来实现。这里的“七有”是指“幼有所育、学有所教、劳有所得、病有所医、老有所养、住有所居、弱有所扶”，“五性”是指反映市民需求的便利性、宜居性、多样性、公正性、安全性五个方面。北京在推行接诉即办改革中，非常强调“民有所呼、我有所应”，并且为了突出以人民为中心，将“七有”“五性”要求的落实情况作为判断各个区街乡镇政府是否以人民为中心的具体指标。这样，北京市以接诉即办为依托，将以人民为中心从一种抽象的理念转化为具体、可操作化的指标，并且以这些指标为基础推动各级政府治理变革。北京市从 2019 年 10 月开始建立“七有”“五性”测量评价指标，推行新的考核排名体系。2019 年 10 月 25 日，北京市委召开区委书记月度工作点评会议，强调：“接诉即办是我们坚持以人民为中心的发展思想、践行初心和使命的实际行动，是最直接、最生动的主题教育。……本市已建立‘七有’‘五性’监测评价指标体系，专门设置社会评价指标，就是要从接诉即办中考察改善民生的成效及作风。”这意味着北京市将接诉即办作为推动民生工作的重要手段，在改善民生中实现以人民为中心。

接诉即办对民生的监测和评价，主要围绕“七有”和“五性”展开，以区为单位，目前已经成为接诉即办考评体系的重要组成部分。2020 年 7 月 30 日，在北京市委召开的区委书记月度工作点评会上，首次对“七有”“五性”监测评价结果进行半年情况通报。会议指出：“今年上半年，全市‘七有’‘五性’监测评价总指数同比提高 6.1 个点，安全性、老有所养等 10 个领域指数呈明显上升态势。”从 2020 年 10 月开始，北京市公布“七有”“五性”诉求办理综合排名情况，首次排名前三的分别是怀柔区、顺义区和西城区。2020 年 12 月 31 日，北京市委召开区委书记月度工作点评会，公布了全年的排名情况，“七有”“五性”诉求办理综合排名前三的是怀柔区、大兴区、顺义区，排名最后的是昌平区。

由此可见，接诉即办将“七有”“五性”放到一个非常突出的位置，不仅重视一般性诉求的办理和解决，更重视涉及民生事项的诉求的办理和解决。通过这些机制不仅推动各级政府和部门解决民众诉求，更促使各级政府和部门将民生诉求解决放到更优先位置，这是以人民为中心的具体实践。

七、接诉即办是民众给党和政府出的新考题

考试的隐喻一直是中国治国理政的重要思想来源，它涉及考官与答卷人、考

题与答卷、答卷人与评卷人等几对关系，其核心是对党和政府与民众之间关系的比喻，以突出人民的主体性和政府的服务性。1949年，中国共产党从西柏坡前往北平时，就提出了“进京赶考”的比喻，强调“务必使同志们继续地保持谦虚、谨慎、不骄、不躁的作风，务必使同志们继续地保持艰苦奋斗的作风”的“两个务必”精神。随后，2005年，时任浙江省委书记的习近平将考试思想与信访工作相结合，提出了“下访接待群众是考验领导干部能力和水平的大考场，来访群众是考官，信访案件是考题，群众满意是答案”，首次系统阐述了群众和领导干部之间是考官和考生的关系，考生需要围绕考题交出人民群众满意的答案。2018年，习近平总书记在学习贯彻党的十九大精神研讨班开班式上发表重要讲话，提出“时代是出卷人，我们是答卷人，人民是阅卷人”的精辟论述，这是从考试角度理解治理的进一步深化。2020年初暴发的新冠肺炎疫情构成了对国家治理的又一次大考，需要我们进一步完善国家治理体系和治理能力。

接诉即办是民众给党和政府出的新考题，这也是国家治理中的考试思想在城市治理场景中的具体应用，进一步丰富了国家治理中的考试隐喻。2020年10月30日，北京市委召开区委书记月度工作点评会，指出：“接诉即办是老百姓‘出卷子’、我们来应答，是听民情、察民意、解民忧的重要抓手。”与疫情对国家治理的大考相比，接诉即办是一个没有尽头的考试，每时每刻市民都在给市委、市政府出考题，各级官员需要随时应答。接诉即办出的卷子并非标准试题，没有标准答案，也没有固定考试时间，这对答卷人提出了比一般考试更高的要求，它需要答卷人具有随时随地回答问题和解决问题的能力，只有这样市民才能够满意。此外，随着接诉即办的深入，市民给各级政府出的考题难度也越来越大，都是一些难啃的硬骨头，需要答卷人有足够的耐心、毅力和担当，这样出卷人才能够对答案满意。例如，北京市大兴区针对市民房产证难办诉求的回答，针对垃圾填埋场的治理，都是类似奥数难题的场景，要获得市民满意需要较多创造性努力和付出。

从这个意义上看，接诉即办是对首都治理体系和治理能力的大考，能否持续推行接诉即办，直接决定了首都治理现代化水平。为了更好地应对市民的考卷，各级政府既要着眼当下问题的解决，又要通过“主动治理”和“未诉先办”来减少考题数量，最终能够经受住超大城市治理的考验，建设人民满意的首都治理体系。

八、接诉即办是疫情防控的新抓手

一个城市的治理，既需要建立常规状态下的治理体系，也需要建立应急状态下的治理体系，只有能够同时应对常规状态和应急状态，城市治理才具有韧性。新冠肺炎疫情的冲击，使得应急状态的城市治理能力的重要性日益凸显，超大城市尤其需要弥补应急治理的弱项和短板。随着社会的复杂性、动态性和多样性趋势进一步加剧，超大城市如何回应应急事件，尽快从应急状态恢复到常规状态，并且能够随时在两种状态之间自由切换，将成为对其治理体系和治理能力的重大挑战。事实上，应急也是更广泛意义上的安全概念范畴，应急治理的过程也是安全治理过程。正是在这个意义上，“十四五”规划首次提出统筹安全和发展，这与常规状态和应急状态治理协同发展具有异曲同工的含义。将统筹安全和发展纳入“十四五”规划，也为超大城市治理改革指明了方向。应急治理作为安全治理的应有之义，在未来治理体系中的角色和位置将会更重要。

面对此次疫情冲击，接诉即办成为疫情防控的新抓手。这意味着，接诉即办不仅有利于完善常规状态下的首都城市治理，也可以促进应急状态下首都城市治理水平提升。2020 年 2 月 28 日，北京市委召开区委书记月度工作点评会，提出：“接诉即办已经成为党建引领基层治理的一个有效机制，在这次疫情期间解决了一批市民涉疫诉求，纾解了群众焦虑情绪，有力推动了防控工作。”通过接诉即办，北京市委、市政府既可以第一时间了解市民存在的需求和需要解决的问题，又可以通过这些反馈及时弥补工作中的短板和不足。为此，在疫情防控期间，接诉即办的一个重要任务就是提供疫情防控信息供决策参考。正是在这个意义上，接诉即办成为推动疫情防控的重要抓手，也成为超大城市常态化疫情防控的重要支撑力量。北京在经历新发地疫情时，接诉即办所反映的问题就与疫情发生初期反映的问题有很大差异，这些差异性信息可以帮助决策者精准施策，推动超大城市精细化治理。

接诉即办参与疫情防控，意味着接诉即办可以在应急状态下的城市治理中发挥更为重要的作用，它扮演了城市运行的监测者角色。与城市网络化管理对城市基础设施的监测相比，接诉即办是对城市中市民的心态、偏好、态度、感受和评价等的全方位监测，这种监测尤其是在应急状态下会发挥更为重要的作用，可以帮助决策者将主要精力分配到更重要的事项和问题上，促进资源有效配置。

九、接诉即办是新时代群众工作的新范式

群众路线是我们党治国理政的重要方法，做好群众工作也是党和国家的重要工作，它强调“一切为了群众，一切依靠群众，从群众中来，到群众中去，把党的正确主张变为群众的自觉行动”。“鱼不可脱于渊”，党和政府也不能够脱离群众，党执政后最大的危险是脱离群众。随着时代的发展，群众路线不仅没有过时，而且其生命力更是不断增强。事实上，群众路线和群众工作是我们党的话语体系，它与治理、协同和共同行动等学术话语体系具有内在一致性，只是不同的叙事方式。各种政策如果得到群众的认同和主动配合，那么政策本身的执行成本会大大降低。同样，如果群众能够参与到治国理政实践中，这本身就是合作生产和合作治理过程，有利于提升治理绩效。因此，尽管治理时代和环境可能会发生变迁，治理场景也会改变，但是群众路线的精神内核仍然可以在治理中发挥重要作用。

接诉即办是新时代群众工作的新范式，它让各级政府官员主动去倾听民意，与群众沟通，共同促进问题的解决。接诉即办既是送上门的民意，又是送上门的群众工作，它需要各级官员、领导干部和工作人员认真对待。此前，由于互联网和信息技术的快速发展，官员与民众打交道的机会越来越少，很多政府工作人员甚至害怕与群众接触，不知道如何与群众交往、沟通，更谈不上做群众工作。而做好群众工作则是基层治理最重要的内容，基层事务都与群众密切相关，都是一些“小事”，但是每一件“小事”对于群众而言都是“大事”。如何与群众交朋友，赢得他们的理解、认可、尊重和配合，这是做好群众工作的核心。接诉即办的推行，使得各级干部不得不直面群众，在与群众交往中提升治理能力。

群众工作做得越好，接诉即办工作就越会取得好的成效。近两年来，北京市大兴区的接诉即办工作每月基本上都会名列前三甲，这与其良好的群众工作是分不开的。针对接诉即办，大兴区提出了“三转三包三上门”工作模式，逐步提高解决群众诉求的能力和水平。“三转”，即“围着一线转、围着群众转、围着问题转”，明确重点地区、核心人群、难点问题，强化工作靶向性；“三包”即“领导包片、干部包村（社区）、两委包户”，广泛动员各级力量，构建区、镇、村三级职能体系，强化职责任务分工；“三上门”即“合理诉求上门办、不合理诉求上门劝、咨询建议上门谈”，直面群众、直面现场、直面问题，把工作责任传导落实到全区每一位党员干部身上。事实上，这些工作模式与群众路线不谋而合，是群众路线的

具体体现。

十、接诉即办是党执政合法性的新来源

任何一个政党要长期执政，必然要有较强的合法性资源，要让民众自觉认可和同意其执政。从这个意义上看，合法性逻辑本质上是同意和认同逻辑，民众自觉与执政党保持一致，接受执政党的领导。对于执政合法性，学术上有历史合法性、意识形态合法性、程序合法性和绩效合法性等不同分类，这些分类指出了合法性的不同来源[①]。历史合法性是指合法性来源于历史传统，通过历史传统形成一种习惯和文化，这种习惯和文化让民众自觉接受执政党的领导。当然，历史合法性需要其他合法性支撑。意识形态合法性是指合法性来源于先进的观念和理念，这些观念和理念代表了未来发展方向，能够很好地说服民众，民众基于对理念的认同而接受领导。程序合法性是指合法性来源于正当程序，例如选举程序保证执政者得到认可，人民民主和法治也是我们党获得合法性的重要来源。绩效合法性是指获得良好的绩效来证明其执政的合法性，这种绩效可以是经济绩效，也可以是社会绩效、生态绩效等，经济增长通常是绩效合法性最典型的形式。中国经济奇迹和贫困问题的解决都是我们党绩效合法性的重要表现，表明我们党能够解决难题，带领人民实现共同富裕。

接诉即办是党执政合法性的新来源，它是一种基于问题解决、回应和互动的合法性。这意味着，接诉即办在一个个具体问题的解决中，在与民众的具体互动、回应民众的诉求中，赢得了民众认可，从而获得合法性。从某种程度上看，接诉即办开创了在日常活动中获取合法性的新机制，也是合法性不断积累和不断增长的一种重要方法。2018 年 9 月 29 日，北京市委召开第二次区委书记月度工作点评会，指出："时刻牢记民心是最大的政治，以为民负责的精神，认真办理媒体和公众监督反映的问题。"事实上，这里的民心就是合法性的重要来源，把接诉即办做好，就是聚民心，就是为党执政获得合法性。从接诉即办的数据看，无论是满意率，还是人民群众的致谢来电数都不断上升，这些都是在无声中获得民众认可的表现。

---

① 赵鼎新 ."天命观"及政绩合法性在古代和当代中国的体现 [J]. 龚瑞雪，胡婉，译 . 经济社会体制比较，2012(1): 116-121，164.

第五章 接诉即办的价值根基

2021年4月25日，习近平总书记在广西考察时指出，让人民生活幸福是“国之大者”。接诉即办改革是“国之大者”的生动实践，更是“国之大者”的实现路径。这意味着，接诉即办改革之所以具有有效性和合法性，其根本在于它切实解决了民众的操心事、烦心事和揪心事，提升了民众的获得感、幸福感和安全感，践行了党的初心和使命。因此，无论是评估接诉即办的目标设立和运行过程，还是对其效果评估，都离不开对接诉即办价值根基的探究、分类和坚守。在这里，价值主要是对接诉即办应该是什么、理想状态是什么、实现什么目标、什么是值得的等问题的伦理判断。事实上，接诉即办如果缺乏对“国之大者”的追求，就会失去方向。简言之，对于接诉即办改革的认识，需要围绕价值定义、价值选择、价值规范和价值判断展开，从而厘清其背后的价值基石。

结合公共管理伦理学和行政职业伦理的理论与实践，接诉即办的价值根基可以围绕公务员及其组织、民众、官民互动等三个层面来阐述①。这意味着接诉即办的价值根基主要是对接诉即办的治理主体、治理过程和治理对象的规范，它对政府部门及其行动者提出了更高的价值要求，也对作为治理主体和治理对象的民众明确了价值期望，还对官民如何有效互动规定了价值准则。由此，我们可以归纳出接诉即办的十个基本价值，即：（1）为民服务的价值；（2）人民公仆的价值；（3）责任担当的价值；（4）及时回应的价值；（5）专业高效的价值；（6）依法行政的价值；（7）协同一心的价值；（8）弹性适应的价值；（9）诉求适宜的价值；（10）人民满意的价值。对于接诉即办价值根基的梳理，一方面可以起到规范和评判接诉即办行为的作用，另一方面也可以为深化接诉即办改革提供指引和方向。

---

① Cooper T L. Big questions in administrative ethics: a need for focused, collaborative effort[J]. Public administration review, 2004, 64(4): 395-407.

一、为民服务的价值

为民服务是接诉即办的首要价值，更是整个改革实践的总体追求。这意味着，接诉即办首要的和最根本的目标是为民众提供服务，解决他们遇到的“急难愁盼”事项。这也是一个党和政府以谁为本的问题，是以官员为本，还是以人民为本？没有为民服务的价值追求，就不可能认真倾听和对待民众诉求，更不可能及时有效处理诉求和促进问题解决，提升民众的获得感、幸福感和安全感。2019 年 10 月 25 日，北京市委召开区委书记月度工作点评会，会议指出：“‘接诉即办’是我们坚持以人民为中心的发展思想、践行初心和使命的实际行动，是最直接、最生动的主题教育。”2021 年 3 月 31 日下午，北京市委召开市直部门党组（党委）书记月度工作点评会，会议再次指出：“各级干部要拿出更多精力破解难题，在办好群众身边事过程中践行初心使命，让群众有更多的获得感。”由此可见，为民服务是接诉即办的灵魂，整个改革实践都不能偏离这一价值追求，否则就会迷失方向。接诉即办是一项只有起点没有终点的治理活动，只有认真遵循为民服务这一价值的内在要求，并将其转化为习惯和行动，才能够持续做好接诉即办工作。有正确的价值观才能够引导各级政府和官员认真对待民众诉求。

为民服务的价值既是党的初心和使命的重要组成部分，又是政府改革的价值取向，还是国家治理体系和治理能力现代化的基础。2017 年 10 月 18 日，习近平总书记在党的十九大报告中指出：“中国共产党人的初心和使命，就是为中国人民谋幸福，为中华民族谋复兴。”为民服务的价值很显然是党的初心和使命的重要组成部分，只有为民服务，才能够与人民建立血肉联系，才能够真正实现为人民谋幸福。离开了为民服务，所有工作都可能沦为形式主义、官僚主义和享乐主义。只有牢牢把握好为民服务的价值，政府的各项工作才会迈入正确的轨道，接诉即办也不例外。正是在这个意义上，习近平总书记在党史学习教育动员大会上的讲话中指出：“历史充分证明，江山就是人民，人民就是江山，人心向背关系党的生死存亡。”与此同时，为民服务的价值也是政府改革的追求，成为推动政府改革最重要的价值之一。2018 年，国务院印发了修订后的《国务院工作规则》，在总则中明确提出：“建设人民满意的法治政府、创新政府、廉洁政府和服务型政府。”由此可见，人民满意的服务型政府正成为政府改革的方向，而为民服务是服务型政府的应有之义。当前，中国正在将“完善中国特色社会主义制度，推进国家治理体系和治理能力现代化”作为全面深化改革的总目标，而无论是制度建构，还是国家治理能力的现代化，都需要以为民服务为本体，围绕为民服务来展开制度设计，优化国家治理体系，提升国家治理能力。

为民服务的价值对北京市接诉即办改革实践产生了广泛而深远的影响，且正在制度、行动和实践层面得到体现，并且转化为民众获得感的提升。针对接诉即办改革，北京市出台了一系列制度，这些制度的重要指向是推动各级政府、部门和官员认真对待民众诉求，真正实现为民服务。可以说，为民服务是理解制度设计原理和背后逻辑的钥匙，也是进一步推进制度改革的方向。在接诉即办改革实践中，北京市特别重视围绕民众的“七有”和“五性”来开展工作，并且为了推动各级政府和部门重视与民生相关的诉求，专门建立了针对“七有”和“五性”的考评机制。正是在考评机制的指挥棒作用之下，北京市各级政府和部门形成了“眼睛向下”和“脚步向前”到基层一线去解决问题的导向，使服务质量得以提升，棘手难题得到有效解决。

二、人民公仆的价值

人民公仆是接诉即办践行的另一个重要价值，它是对公共部门管理者和工作人员的伦理要求。这意味着，接诉即办要实现为民服务的价值图景，关键要改变诉求办理人员的价值预设，使得这些公职人员能够用心去办理民众诉求，赢得民众的信赖，并最终获得民心。人民公仆是对公职人员的形象说法，其最根本的内容是调整官员与民众之间的关系，让拥有权力的官员能够为民众服务，而不是公权私用和个人享受。人民公仆的价值要求官员在回应民众诉求和为民众办理诉求时，告别高高在上的权力傲慢心态，真正从人民出发、设身处地地为民着想和为民办事。因此，加强官员道德修养和提升工作本领是实现人民公仆价值的内在要求，官员考核标准也是围绕着如何培养人民公仆来展开的。事实上，道德和才能对于人民公仆而言缺一不可，我们党在选拔和使用干部时非常强调德才兼备，以德为先。对于接诉即办改革而言，尽管它强调面向基层推动问题解决，但很多问题的解决都需要各级各类治理主体共同参与。人民公仆的价值不仅仅是对基层公务员的要求，它是对所有公务员甚至包括公共部门所有工作人员的规范，其核心是要以人民公仆的价值标准来培养公务人员的为民情怀。

人民公仆是中国特色治理文化的组成部分，也是一种拥有权力和没有权力之间不平等关系的再平衡。政府官员如何对待人民是其政绩观、权力观和价值观的重要组成部分，也是试金石。在传统中国，尽管有民本思想，但是由于奉行“学而优则仕”的观点，使得统治阶级的精英主义思想严重，从骨子里看不起老百姓。中国共产党之所以能够夺取政权，搞建设、推改革，一个很重要的价值观差异就是将自身定义为人民公仆。正是因为将自身定义为人民公仆，才能够保持谦虚谨慎的态度，时刻以小学生的心态向人民学习。在人民公仆价值观的指引之下，官员和民众是一种新型的考生和考官的关系，人民是考官，政府官员是考生，考生的成绩如何最终需要接受考官评阅。人类社会的治理难题是始终面临着“浮士德式交易”，拥有权力的人可能会为自己谋利益，而不是为没有权力的人谋福利①。有了人民公仆的价值观，掌握权力和不掌握权力之间的不平等关系得到了再平衡，使官员真正做到权力为民所用，树立正确的执政观。

人民公仆的价值是北京市接诉即办改革转变干部作风，改善干群关系，创造新时代群众工作路线的指引。此前，北京市有些干部习惯于“眼睛向上”，没有耐心倾听民众的心声，也不愿意低下身段为民众服务。接诉即办改革的意外效果是通过一套制度和机制设计，使得北京市的官员尤其是基层公务员重新按照人民公仆的价值观来对自身进行定位，干部作风得到切实转变。接诉即办改革是找回“人民公仆”的过程，很多上级官员到基层一线解决问题的频次增多，基层公务员上门服务增多，干部和群众的联系更加紧密，民众也对政府的工作更加理解。这些可喜现象的发生，其实是与北京市接诉即办改革按照人民公仆的价值标准对各级公务员进行规范和要求分不开的。人民公仆的价值观会直接决定政府和官员的注意力分配，眼中、心中是否有民众，这是衡量人民公仆价值实现的最重要指标。此外，人民公仆的价值也会促使政府在工作重点安排中更多依托和依靠民意、民众而不是官员来决定公共资源投入的领域和方向。

三、责任担当的价值

责任担当是接诉即办对政府部门及其工作人员的要求，也是回应民众诉求和解决问题的基础。无论是践行为民服务的价值，还是遵循人民公仆的价值，都需要政府部门及其工作人员能够切实对民众诉求承担起责任，以负责任的态度和精神来解民忧，为民众提供高质量服务，高效地把“急难愁盼”问题处理好。对于

① Ostrom V. Faustian bargains[J]. Constitutional political economy, 1996, 7(4): 303-308.

接诉即办而言，责任担当既是对公职人员的要求，也是对各级政府、部门、街道、乡镇和社区的要求。因此，无论是在个体层面，还是在组织层面，责任担当都十分重要，只有个体和组织同时实现责任担当，才能够把民众诉求和问题解决好。当前，政府工作中存在推诿扯皮、不作为、乱作为等问题，这使得民众需要多头寻找能够承担责任的政府部门来解决问题。事实上，接诉即办的一个创举就是通过 12345 市民服务热线来承担回应民众诉求和解决民众问题的总体责任，随后通过内部程序、流程和制度来实现责任分解，帮助民众寻找到解决问题的责任主体，促成不同治理主体各司其职。

责任担当是党对领导干部和公务员的基本要求，也是中国推进政府改革的基本经验。2019 年最新公布的《党政领导干部选拔任用工作条例》，明确要求“党政领导干部必须信念坚定、为民服务、勤政务实、敢于担当、清正廉洁”。因此，责任担当是对新时代好干部的基本要求，也是做好各项工作的坚强保障。如果公职人员遇到问题，首先不是去想如何解决问题，尤其是创造性地解决问题，而是思考如何避免个人承担责任，想办法将这个问题推给其他主体，显然将不利于问题解决。事实上，现代治理的一个特点就是其系统性、复杂性和不确定性，这给明确界定职责本身带来挑战——责任问题需要在行动中确立，并且一个事项可能涉及多个部门。以老旧小区改造为例，该项工作会涉及规划、城建、民政、城管等多个部门，不是一个部门能够独立完成的，需要所有部门都能勇担责任。责任担当也是中国推进政府改革和职能转变的经验，“定机构、定职能、定编制”的“三定”工作构成了改革的重要工具。与此同时，中国政府在推行“放管服”改革中，也通过“权力清单”、“责任清单”和“负面清单”来调整政府和市场的关系，优化营商环境。因此，责任担当作为接诉即办的基本价值之一，并不是要求政府部门及其公职人员承担超出其职责权限的责任，而是要对属于其职责范围内的事项积极主动承担责任，切实解决好民众的诉求和问题。

责任担当推动了北京市接诉即办多项制度和举措的落实，当前正在建立多层次、多部门、跨区域、跨部门、跨领域回应民众诉求的责任体系。责任担当的前提是职责明确，如何将各级和各部门的责任与民众诉求有效匹配，成为接诉即办的重要挑战。为此，北京市通过一系列探索，来促使各级政府、部门在接诉即办中承担责任，形成解决民众诉求的合力。通过建立“首办负责制”，避免各级政府和部门对民众诉求推诿。通过出台《北京市街道办事处条例》，实现对街道赋权、下沉和增效，解决基层治理中权力和责任不对等问题。将区政府、市级部门引入接诉即办的“诉求办理”体系，实现“诉求办理”治理主体的全覆盖。针对一些复杂的棘手难题，北京市通过建立“每月一题”机制，从高位来推动“问题责任”体系形成，为问题解决提供制度保障。

四、及时回应的价值

及时回应构成了最能体现接诉即办本质特征的价值追求，它是“民有所呼，我有所应”背后的价值基础。为民服务不仅要发挥政府部门及其行动者的作用，还要从服务的对象和需求出发来考虑服务供给。诉求既是民众对政府提供服务的反馈，又是期望政府进一步提供相关服务的信号，及时回应可以帮助政府为民众提供更好的服务，从而真正实现为民服务的价值目标。及时回应的价值至少包括三个方面的内容，即态度、时间和质量。从态度上看，及时回应要求政府工作人员能够以友好的方式来接受民众诉求，使民众愿意将诉求向政府部门反馈。从时间上看，及时回应要求针对民众诉求除了要第一时间倾听之外，还需要在一定时间范围来提出诉求处理意见。从质量上看，及时回应要求政府在法律框架下尽可能地解决问题，让民众满意，不仅要从形式上回应民众诉求，更要从实质上回应民众诉求，避免诉求回应中的“形式主义”。

及时回应是中国共产党治国理政的基本经验，也符合政府改革的新趋势，更是互动治理的内在要求。中国共产党治理国家需要依靠人民，群众路线最能够体现党和人民之间的有效互动。群众路线要求从群众中来，到群众中去，一切为了群众，一切依靠群众。无论是从群众中来，还是到群众中去，都是为了倾听群众心声，了解他们的所思所想，这样无论是制定的政策，还是提供的服务才有针对性，才能够发挥切实有效的作用。与此同时，回应型政府也成为政府改革的新理念，它要求政府从封闭走向开放，在回应服务对象的需求中实现有效变革。回应型政府的理念也成为互动治理的重要内容，互动治理要求不同主体之间展开有效互动来促成目标实现。在互动治理中，治理对象可能成为治理主体的一部分，比如政府和民众通过有效沟通形成伙伴关系来促进问题解决，就是互动治理的一种典型模式。事实上，通过互动和回应来改善治理，也成为组织学习和能力建设的一部分。企业不重视顾客诉求，有可能会走向衰败。同样，国家和政府如若不重视民众诉求的回应，也会有失去民心的风险，从而将使其执政根基受到挑战。

及时回应正在接诉即办各项改革和制度中得到体现，并且正在使得政府工作人员联系民众成为一种习惯和自觉，改善了干群关系，提升了政府公信力。北京市为了减少市民反映问题和诉求的成本，将多种热线进行了整合，实现了“一号响应”。在回应时效方面，北京市规定各级市民热线服务中心和涉及重点民生领域的公共服务部门，提供 7×24 小时服务，根据诉求的轻重缓急程度和行业标准，原则上实行 2 小时、24 小时、7 天和 15 天四级处置模式。通过设置时效制度来提升诉求回应的及时性，并尽最大可能增加民众的获得感。在评价指标中，响应率直接成为考核的三大指标之一，这也促使各级政府和部门在接到派单后第一时间与民众进行沟通，了解诉求的情况、原因和焦点，以方便采取有针对性的措施。有些部门甚至直接规定要第一时间与诉求人见面沟通，更好地了解诉求人的真实想法。这些制度设计和改革措施都是及时回应价值的体现，并且慢慢成为政府工作的一部分。

五、专业高效的价值

专业高效是北京市接诉即办改革行动应该遵循的准则，它既要求接诉即办全过程专业高效，也要求在处理诉求和解决问题中专业高效，通过专业方式来解决问题从而提升效率。因此，专业高效至少包含两层含义：第一层含义是治理过程的专业高效，第二层含义是问题解决的专业高效。治理过程围绕着谁有权力在治理中发挥作用，强调不同治理主体之间结构化的关系模式，是一个注意力分配和问题发现的过程。治理过程的专业高效则强调通过科学方法设计治理过程，使得治理问题得到及时发现，资源得到高效配置，能够实现预期目标。接诉即办改革本身就是治理过程创新的表现，它是通过引入民众诉求来推动治理革命。问题解决则是强调问题一经发现，通过什么样的手段、工具和方式来解决，从而实现预期目标。问题解决过程也是一个理性过程，它要求使用科学逻辑来发现和创造方案，从不同方案中寻找最优方案。当然，专业人士在利用科学方法促进问题解决时，也会使用经验、直觉和判断等方式，但是这些方式本身也是理性训练后形成的习惯。

专业高效是公共管理的传统价值，也是工业化和城市化对政府行政的内在要求[①]。马克斯·韦伯提出官僚制行政构思时，他的一个重要观点是官僚制行政相对

① Simon H A. Administrative behavior [M]. New York: Simon and Schuster, 2013.

于传统行政更具有效率，而效率的获得则通过专业化、分工、组织、领导等方式来实现。从官僚制行政开始，政府开始了专业化革命和效率革命，通过专业化的文官、严格的分工和高效的等级制度来提升政府内部管理效率，从而降低整个社会的运行成本。而基于专业化分工提升行政效率的官僚制行政也是现代工业革命和城市化浪潮的必然结果。工业革命提升了人与人之间的沟通效率，城市化提升了聚集效率，这两种效率的提升也对从事社会管理工作的政府提出了新要求，即政府也要按照工厂和城市的运行效率来提升自身效率，只有这样才能够适应环境和社会变革。因此，专业高效成为近代以来政府改革追求的主要价值之一，对政府自身的结构、运行和管理方式都产生了深远影响。尽管当前人们对于专业高效的实现方式有所批评，但专业高效作为一种价值仍值得坚持。

北京市接诉即办改革则在系统层面体现了专业高效，而专业高效价值也是实现其他价值的基础。接诉即办作为一项治理创新，是问题解决方式的创新。这一创新主要体现在问题发现的集中和问题解决的分散，这意味着在受理问题之后，如何将问题与解决单位进行匹配是接诉即办的关键。因此，专业高效就需要体现在诉求受理、诉求派单、诉求办理、考评反馈、改进提升等接诉即办治理的全过程中，每一个环节都需要专业高效，才能够形成整个体系和过程的专业高效。为了实现专业高效的价值目标，接诉即办非常重视技术赋能，推动接诉即办改革的数字化转型。当然，对于接诉即办而言，专业高效更集中体现为解决问题的专业化和高效率，这也使得在诉求办理过程中经常要发挥专业部门、街道乡镇政府、社区干部等不同治理主体的力量，通过汇集多方知识来解决问题。

六、依法行政的价值

依法行政是接诉即办应该遵循的又一个重要价值，也是建设职能科学、权责法定、执法严明、公开公正、廉洁高效、守法诚信的法治政府的内在要求。由于接诉即办实现了诉求统一受理，诉求办理分级分层解决，因此，接诉即办按照依法行政的价值来运行既需要对整个接诉即办治理过程进行规范，也需要对其中的诉求受理和诉求办理两个关键过程进行规范。这意味着，要使得接诉即办在法治轨道上运行，就需要使得诉求受理法治化，其核心是明确哪些诉求可以纳入接诉即办的受理范围，这是对诉求边界的规定。而诉求办理法治则是强调各级政府和部门在处理民众诉求时，要根据诉求事项所属性质依法办理，对于合法诉求按照法律规定办，对于属于民众自身范畴的事项做好说服沟通工作。对于接诉即办治理过程的规范，则主要涉及不同层级和不同部门之间权责关系的调整，治理过程的规范化服从和服务于诉求受理和问题解决。

依法行政是现代政府运行的基本价值，也是实现为民服务的强有力保障。西方学者在提出公共管理研究途径时，将政治、法律和管理作为三种主要路径，法律作为理解公共管理的重要逻辑，其核心是讨论宪法、法律与政府之间的关系，而依宪行政和依法行政是其核心内容①。引入法律的途径，就需要公共管理重视程序正义和实质正义，整个运行在法律框架之下实现效率追求。从这个意义上看，法律途径也是与责任联系在一起的，法律责任成为责任政府的重要内容之一。依法行政对于公共管理的重要意义在于避免行政权力的任意性，使得整个行政行为具有可预期性，这既是对行政相对方的保护，也是对公职人员的保护。公共管理需要遵循依法行政的价值，这就需要公共管理全过程都在法律规范下进行，真正做到职责明确和依法行政。

依法行政的价值对接诉即办改革最大的影响是北京市制定了《北京市接诉即办工作条例》，它将实践中行之有效的改革上升到地方性法规的层面，以地方立法来保障接诉即办的持续性。2021 年 5 月 28 日，北京市人大社会建设委员会工作机构向社会公布《北京市接诉即办条例（草案）》，公开征求意见。从《北京市接诉即办条例（草案）》的内容看，该法规重点对诉求人、各级政府和部门等主体在诉求提出、诉求受理、诉求派单、诉求办理、绩效考评、主动治理、监督责任、法律责任等治理过程中的权责关系进行了规范，以真正实现及时回应诉求，提升首都基层治理体系和治理能力现代化的水平。2021 年 9 月 24 日，《北京市接诉即办工作条例》正式出台，有效提升了接诉即办的依法行政水平，使得接诉即办有法可依、执法必严和违法必究。

七、协同一心的价值

协同一心是接诉即办回应民众诉求，推动诉求有效办理的重要指引，它要求政府部门间协同、多层级政府间协同和政府民众间协同。而不同治理主体之间只

---

① Rosenbloom D H, O'leary R, Chanin J. Public administration and law[M]. New York: Routledge, 2017.

有相互理解、相互信任和共同承担责任，才可能在实现共同目标的基础之上达成各自所追求的目标。因此，协同一心既体现为政府内部协同，又体现为政府与民众协同；既强调协同，又要强调共同愿景。政府内部协同既体现为同一层级的部门间协同，又体现为跨层级、跨部门协同，后者的协调难度更大一些。政府与民众协同主要是民众通过参与政府决策，或者与政府一同行动来实现预期目标。协同的困难在于不同治理主体有不同的治理目标，而协同的实现需要不同治理主体暂缓自身目标来实现共同目标。事实上，共同目标实现之后，也会有利于不同治理主体实现各自的治理目标。

协同一心是公共管理应对复杂性公共事务治理和一体化需求挑战的价值主张，也是整体性政府改革和合作治理背后的价值基础。现代公共管理面临的挑战有很多，其中有两个最为重要：一个是公共事务复杂性程度加大，使得任何单一部门都不可能独自应对，或者反过来说，复杂的公共事务涉及多个部门；另一个是民众一体化需求对专业化分工的挑战，民众希望在一站式背景下来获取公共服务，而政府则希望分别提供服务。以社区治理为例，由于涉及住建、民政、组织部等多个部门，推动社区治理体系和治理能力现代化就需要调动各方的积极性和主动性。与此同时，民众的需求一体化则需要通过整体性政府和合作治理来实现，中国推行的“政务服务中心”建设就是为了解决需求一体化与专业化分工之间的矛盾。随着数字化转型的推进，协同一心的价值需求将进一步加大，并且还会推动政府治理改革，使得整体性政府和合作治理逐渐从理念转化为行动。

协同一心的价值在接诉即办改革中得到了较多体现，正在成为这项改革的“关键一环”。一方面，接诉即办改革整体事件的推行，需要协同一心，目前的专项小组在推动各级政府部门的协同中发挥了重要作用。另一方面，接诉即办改革中诉求办理涉及大量协同。目前北京市采取了很多机制来促进协同一心价值的实现，其中最典型的主要包括“吹哨报到”机制、“每月一题”机制、“首接负责”机制等，都是为了促进在跨层次、跨部门的问题解决中实现协同，帮助民众解决他们面临的棘手难题。

八、弹性适应的价值

弹性适应是接诉即办改革在进一步深化过程中所追求的价值，也是“主动治理、未诉先办”的价值基础。弹性适应的价值主要是受生物学影响：它强调生物能够经受环境变化的挑战，从而能够具有弹性、适应性和稳健性[①]。随后，弹性适应的价值被引入社会科学，强调社会系统的弹性、适应性和稳健性。弹性意味着社会系统能够因为环境变化而很快进行恢复，例如自然灾害发生时，具有弹性的治理能够很快就形成新的治理秩序以应对灾害。适应性意味着社会系统能够随着环境变化而变化，和环境能够协同演化。稳健性则意味着社会系统总体上能够保持平衡，不用进行较大变革就能够实现弹性和适应性目标。接诉即办改革要遵循弹性适应的价值，就需要能够应对诉求量较大提升的外部环境，并且最终能够实现降低诉求量和提升民众满意率的有效平衡。

弹性适应的价值同样是对不确定性、复杂性治理环境应对的启示法，价值的坚守可以帮助人类实现长远目标。弹性适应不但将环境引入治理，而且将时间引入治理，讨论治理如何能够经受环境和时间的双重考验。事实上，如果治理能够在变动不居的环境和长时间进程中都保持较好的绩效，那么这样的治理模式就会是具有弹性、适应性和稳健性的治理模式。同样，将弹性适应的价值引入治理中，也提升了治理对环境和时间的双重适应，这也是一个主动寻找弹性、适应性和稳健性的过程。随着新冠肺炎疫情的冲击，对具有弹性、适应性和稳健性治理的现实需求更为强烈，治理向弹性、适应性和稳健性转型也成为时代课题。中国共产党百年历史表明，党治国理政具有弹性适应的能力，能够针对不同时期的特点识别问题和难题，并且采取有针对性的举措。

弹性适应的价值正在成为进一步深化接诉即办改革的引领性准则，同时也是接诉即办改革具有可持续性的基础。经过两年多的运行，北京市正在深化接诉即办改革，开始依托接诉即办改革的民生大数据来对超大城市进行“体检”，以发现城市治理中的问题和难题，并且采取前瞻性和针对性的措施，这本身就是适应性的体现。“每月一题”则是代表了实现弹性适应价值最重要的举措，它通过集中力量解决一批共性问题来减少诉求源，实现标本兼治。而当越来越多的治理主体开始基于接诉即办数据进行学习、反思和改革时，他们一定会提升接诉即办的应对水平，并且最终向首都治理体系和治理能力现代化迈进。这也意味着，接诉即办改革只有通过弹性适应的价值追求来减少问题源，提升解决问题的能力，才能使得接诉即办真正具有可持续性。

---

① Duit A. Resilience thinking: lessons for public administration[J]. Public administration, 2016, 94(2): 364-380.

九、诉求适宜的价值

诉求适宜是对接诉即办中诉求方的规范和要求，它强调诉求人在提出诉求时需要遵循适宜的价值。适宜理论最早来源于社会学，它是一种人类决策行为理论，强调一种不同于理性逻辑的适宜逻辑[①]。适宜理论最核心的观点是角色理论，它认为决策者在做出决策时，需要考虑一个类似于决策者本人的人在这样的决策环境之下应该采取什么样的行为。因此，适宜理论是与社会规范和认同联系在一起的，主要是询问：我是谁？我的角色是什么？这样的角色应该如何行动？由此可见，诉求适宜是一种重视社会规范和身份认知的价值，它突出了社会规范和认同价值对于诉求人的影响：要求诉求人的诉求符合社会规范基本要求，不能够提出不符合伦理和道德规范的诉求事项。

诉求适宜的价值是现代社会有限政府和合格民众的内在要求，也构成了处理政府与社会关系的基本准则。有限政府强调政府不能够包办一切事宜，政府与市场、政府与社会之间职责界限要明确，因此，职责明确构成了政府改革的基础。“放管服”改革进一步要求发挥市场在资源配置中的决定性作用，通过简政放权来激发市场活力。同样，在社会领域改革，也需要厘清政府职责范围事项、居民自治事项和政府与居民共同合作事项，这样才能够形成共建共治共享的社会治理新格局。这意味着，民众不能成为社会治理的“看客”和“局外人”，而应当在社会治理中“在场”和主动参与，甚至在有一些事项上实现自主治理。对于诉求而言，同样要求居民在一些涉及自身事物的诉求方面实现“自诉自办”或者“不诉自办”。这样，“自诉自办”、“不诉自办”和接诉即办就会形成一个公共事务有效治理的完整体系。

诉求适宜的价值也成为引导和推动接诉即办改革的重要指引，需要通过政府的说服、沟通和教育工作来实现诉求适宜。在北京市的接诉即办改革实践中，居民的很多诉求可能超出了政府的职责范围，一些政府部门开始使用群众路线工作方法，主动上门进行信息沟通和说服工作，以赢得民众的理解和认同。此外，北京市也针对居民自身办理事项方面的诉求，通过协商民主、出台制度框架等方式来引导民众通过自主治理来解决他们所面临的问题，实现社区自治。出台制度框

① March J G, Olsen J P. The logic of appropriateness[M]//The Oxford handbook of political science. Oxford: Oxford University Press, 2004.

架最典型的例子是物业管理案例。接到的诉求中有很多属于物业管理问题，但是政府又没有这方面的职责，为使物业管理治理机制能够发挥作用，北京市通过出台《北京市物业管理条例》使得居民诉求在制度框架下能够通过自身努力得到解决。

十、人民满意的价值

人民满意是衡量接诉即办改革最重要的价值准绳，也是判断接诉即办改革成效的最终标准。人民满意强调从服务对象的角度来衡量成效，是一个主观判断的过程，是人民根据价值标准对问题解决成效的判断。这意味着人民满意的价值是一种基于主观偏好和感觉的价值，与民众自身对于政府的期望和价值预设有很大关系。由于每个人的背景、偏好和价值观不一样，对于同样的事项，不同的人会有不同的价值评判，甚至会有完全不同的价值主张。此外，人民满意的价值也面临着一个最大挑战，就是如何将不同民众的价值判断聚合成为一个整体的价值判断，即：个体与整体之间如何平衡成为该价值需要解决的主要难题。事实上，从个人价值到社会价值的过程，也是从个人选择到社会选择的过程，而社会选择“不可能定理”对将个人选择聚合为社会选择提出了较大挑战。

人民满意价值的提出是对传统公共管理价值追求的有益补充，也是对客观价值论的有益补充，它提供了一个主观价值和客观价值相互衡量的契机。传统上，公共管理重视效率，重视客观结果，而忽视主观价值和偏好满足的情况，致使政府提供了很多“效率高”但是民众不满意的产品和服务。鉴于此，西方国家逐步开始将“顾客”理念引入公共管理，强调民众的体验、偏好、态度、评价等主观感受的使用，满意度评价也由此成为衡量政府公共服务和产品供给水平的重要尺度。满意度评价的引入意味着政府开始将人民满意作为公共管理的重要价值，并且将主观评价作为与客观评价同等重要的评价手段和方式。

接诉即办改革在实现为民服务的价值中，特别重视人民满意的价值追求，通过将人民满意转化为绩效指标倒逼接诉即办系统改革，真正实现以人民为中心的价值目标。在接诉即办改革中，人民满意的价值最突出地体现为响应率、满意率和解决率的“三率”考核指标，这也是当前较好使用回访来将人民满意定量化的尝试。更为重要的是，北京市通过民众对一件件事情的绩效评价，来形成街道、乡镇、部门、区的人民满意整体绩效指标，并且对各区、各街道、各乡镇、各市直部门进行排名，以“绩效指挥棒”来引导各级政府和部门实现为民服务。可以预计，随着绩效考评指标的反复使用，人民满意的价值也会日渐深入人心，并将成为各级治理主体的一种习惯与自觉。

第六章
接诉即办的设计原理

2021年1月28日，中共中央政治局召开会议，审议《关于加强基层治理体系和治理能力现代化建设的意见》，会议提出："推进基层治理体系和治理能力现代化建设，是全面建设社会主义现代化国家的一项重要工作。各地区各部门要从巩固党的执政基础和维护国家政权安全的高度，深刻认识做好基层治理工作的重要性……要构建网格化管理、精细化服务、信息化支撑、开放共享的基层治理平台，加强基层工作队伍建设，制定实施城乡社区服务体系建设'十四五'规划，更好解决群众操心事烦心事揪心事，持续减轻基层负担。"这意味着，北京通过接诉即办推动超大城市治理转型，提升基层治理水平，以解决群众的操心事、烦心事、揪心事，这一经验和模式正在被党中央、国务院在政务热线改革、基层治理现代化建设中所采纳和借鉴。

为了更好地厘清接诉即办的运行规律和内在逻辑，形成可复制、可推广的超大城市治理的北京经验和北京模式，我们将从人工品和治理实验的视角理解北京市接诉即办改革实践，并尝试探讨这场治理实验背后所蕴含的设计原理。对此，我们的核心观点是：接诉即办是以人民为中心和以基层为中心的超大城市治理实验，它开创了面向人民、面向问题、面向基层的超大城市治理变革实践，真正实现人民城市为人民、人民城市人民建设。作为人工品和治理实验的接诉即办，其设计原理共有九个。

一、接诉即办是以人民为中心和以基层为中心的超大城市治理实验

经过两年多运行，北京推行的接诉即办改革通过直接面向人民群众、直接到基层解决问题和直接转变干部作风，不断进行体制、机制和制度改革以解决人民

群众的操心事、烦心事、揪心事，提升人民群众的获得感、幸福感和安全感，让北京这座城市更有温度，让党和政府与人民之间联系更紧密，让城市治理者的能力、水平和信心得到迅速提升，正在静悄悄地推动超大城市治理转型，向首都治理体系和治理能力的现代化迈进。2021 年 1 月 8 日，北京市发布《2020 年北京市接诉即办改革工作年度报告》，这是接诉即办开展两年来首次进行集中展示，它对接诉即办的总体情况、市民来电及热点分析、诉求办理情况、考核排名情况进行了系统阐述，使得接诉即办的整体图景越来越清晰。从这个报告可以看出，诉求、办理和考核是北京接诉即办的重点内容，随着改革的深入，围绕着接诉即办而形成的改革创新内容会更加丰富。

北京市接诉即办改革实践是党建引领“街乡吹哨、部门报到”的深化延伸，是以 12345 市民服务热线为主渠道的快速响应机制，它通过回应市民需求和推动问题解决撬动超大城市治理的系统性、根本性和全局性变革，这便是接诉即办不同于传统市民热线电话的关键点。对于接诉即办改革实践，我们可以从问题解决的治理科学出发，将接诉即办按照问题发现和问题解决划分为一系列环节，从而可以形成北京市接诉即办运行闭环框架（见图 6-1）。从图 6-1 可以看出，北京市接诉即办包括 8 个要素，即：（1）城市运行及其状态；（2）市民感知、偏好和评价；（3）市民诉求；（4）诉求受理；（5）诉求派单；（6）诉求办理；（7）评价与考核；

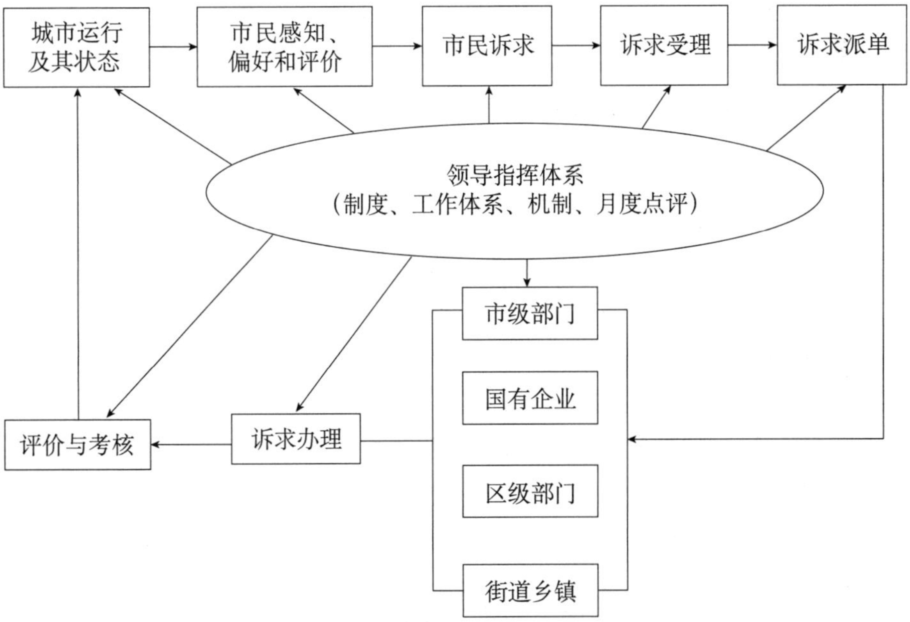

图 6-1　北京市接诉即办改革的运行过程

（8）领导指挥体系。要素（1）至（3）解释市民诉求的产生过程，这意味着市民诉求并非天上掉下来，它是城市运行及其状态与市民主观价值相互作用的产物。一方面，在市民主观价值不变的情况下，城市运行质量改善可以降低诉求产生率；另一方面，在城市运行质量不变的情况下，市民主观价值提升会提升诉求产生率。市民诉求产生之后，可以表达出来，也可以不表达出来，当市民直接向政府当局反映时，就实现了市民诉求从个人感知到公共表达的转化。

12345 市民服务热线承担了诉求受理的核心功能。针对市民诉求，有一些属于咨询和建议类的，市民热线中心直接给予解答和受理；而对于一些涉法涉诉事项，则引导市民向其他渠道反映；余下需要各级政府和部门办理的事项则进入派单机制，将市民诉求向市级部门、国有企业、区级部门、街道乡镇派单，从而进入诉求办理，即从要素（4）到（6）。对于诉求办理之后，办理效果如何，是否使城市运行及其状态发生了改变，市民对这种改变是否满意，则进入到要素（7）和（8），由市民热线中心邀请市民进行评价。随后，北京市委市政府结合接诉即办评价结果对各政府和部门进行考核，形成“赛马机制”、“表彰机制”、“学习机制”和“监督机制”，推动各级政府、委办局、国有企业和街道乡镇到基层一线解决问题，提升民众的获得感、幸福感、安全感。

对于接诉即办改革实践，可以有多种研究视角，我们这里主要从人工品和治理实验的角度来分析，并且重点讨论其背后的设计原理[①]。接诉即办是一件人工品，它属于社会科学的事实，不是自然科学的事实，对其理解需要从设计者的意图出发。只有理解了设计者在创立接诉即办时的设想、意图和目的，才能够真正厘清其运行的内在逻辑。与一般的人工制品相比，接诉即办是人类创造的治理人工品。在治理人工品中，人类既是设计师，又是材料，最为关键的是需要设计不同治理主体之间的关系。简而言之，人类通过创立治理人工品，来实现对公共事务的有效治理。作为治理人工品的接诉即办，需要重新调整不同治理主体之间关系，从而实现其设计目的，即：满足民众需求和解决民众问题，实现以人民为中心。

人类设计的人工品并非总能够实现其自身意图，从这个角度看，任何作为治理的人工品本质上都是一场治理实验。因此，北京的接诉即办改革是以人民为中心和以基层为中心的治理实验，它试图通过面向人民、面向基层、面向问题解决

---

① Ostrom E. Design principles in long-enduring irrigation institutions[J]. Water resources research, 1993, 29(7): 1907-1912.

来实现超大城市治理变革，开创自下而上的问题解决的超大城市治理新范式，真正践行“人民城市为人民，人民城市人民建”的理念。由此可见，作为治理实验的接诉即办，其核心特征是以人民为中心、问题解决、基层一线、系统变革和持续改进。而衡量治理实验的成效，要看接诉即办是否实现预期目标、是否经济高效、是否可持续。从目前来看，接诉即办得到了各方面的认可，体现了超大城市治理改革的重要方向。

那么，作为治理实验的接诉即办，其设计原理是什么呢？结合接诉即办的改革实践，以及对接诉即办的调研和研究，我们认为接诉即办治理实验包括如下九个设计原理，即：面向人民探询问题解决（原理一）、集中统一受理市民诉求（原理二）、分层分级解决市民诉求（原理三）、政府部门直接面向市民（原理四）、市民评价诉求解决效果（原理五）、解决问题背后的问题（原理六）、市委监督激励接诉即办（原理七）、使用制度规范接诉即办（原理八）、开发接诉即办数据资源（原理九）。

二、接诉即办的设计原理一：面向人民探询问题解决

接诉即办作为一项治理实验，其最核心的设计原理是面向人民探询问题解决，这条原理构成了治理实验的总原理，其他原理都是对它的详细展开和具体化。这也使得接诉即办有可能开创超大城市治理新范式。城市治理可以有很多出发点，也会有很多改革路径，如发展驱动城市治理、技术驱动城市治理、文化驱动城市治理、制度驱动城市治理等，而接诉即办则是问题解决驱动城市治理的代表和典型。接诉即办的关键词有三个，即市民、诉求和办理，而诉求办理的过程就是问题解决的过程，问题来自市民，解决效果如何由市民评价，这些关键词形成了面向人民的问题解决城市治理新科学。

尽管接诉即办依托 12345 市民服务热线，甚至 12345 市民服务热线正在成为市民诉求的主渠道，但是它与传统的热线治理有很大差别，这种差别至少体现在热线整合、办理水平和重视程度等三个方面。北京的接诉即办对热线进行了整合，实现了“一号响应”，并且将各种不同渠道和通道内容进行统一，使得市民的咨询、意见、建议、投诉和举报等能够更好地得到回应。与传统热线重视接听相比，北京市的接诉即办在“重在办”方面下了很大功夫——提升办理质量和效率也是政府对市民庄严承诺实现的过程。办理水平的提升与市民诉求会形成良性循环，

通过一个个城市治理问题的解决、一类类城市治理问题的解决、一个个系统城市治理问题的解决以及一个个区域城市治理问题的解决，最终实现城市治理效能整体提升。更为重要的是，北京的接诉即办是北京市委市政府推动整个治理系统的全方位变革，它要求所有治理主体都要接诉即办，从而真正形成面向人民的问题解决城市治理格局。

作为接诉即办的总设计原理，面向人民探询问题解决使得城市治理回归本源，让城市治理更接地气。城市治理需要顶层设计和自上而下，需要宏伟蓝图和宏大叙事，但是其前提仍然是民众需求得到满足，自下而上基石牢固，否则顶层设计就会成为空中楼阁，宏伟蓝图就会成为“字面理论”和“纸面空想”。简言之，城市治理存在抽象的追求、价值和目标，如城市为人类提供更宜居的环境、更好的发展空间，让人生活更美好，等等。这些好的价值追求需要在一个个具体问题解决中得到体现，最终体现在日常生活琐事的治理中，归根结底是围绕城市中人的问题展开。通过问题解决来满足市民需求，通过问题解决来反思城市治理质量，这才是城市治理的真谛。当然，对于市民的所有诉求，政府并非都需要不折不扣地办理，也需要遵循公共事务和法治逻辑。政府应该在法治范畴下致力于公共事务和公共问题解决。

三、接诉即办的设计原理二：集中统一受理市民诉求

集中统一受理市民诉求是北京市接诉即办的第二个设计原理，它让民众能够第一时间找到政府，建立了民众与政府立体化和全周期的互动平台。集中统一受理市民诉求至少存在两个方面的变革，即对各区热线进行整合和对不同类型热线进行整合。前者是对原有各个区独立运行的 12345 服务热线进行统一，形成一个 12345 市民热线市级平台，区级部门不再有独立接受市民诉求的平台。这相当于对市民热线的受理和办理进行专业化分工，受理由市级平台集中处理，办理由不同部门来承担。后者则是对原有不同种类的热线电话进行整合，形成“一号受理”，是对基于专业化分工的热线电话进行集中。这意味着，通过纵向整合和横向整合，最终形成了一个平台和一个号码来应对北京市民的所有诉求，这是集中统一受理市民诉求原理的核心内容。

到底是集中统一受理市民诉求，还是分层分专业受理市民诉求，此前一直存

在争论。赞同分层分专业受理诉求的主张，其主要依据属地管理逻辑和专业化逻辑。属地管理逻辑认为如果分层受理市民诉求，各个层级可以第一时间响应市民诉求，形成市民诉求的“短途”机制。而专业化逻辑则认为如果不同类型事务通过不同热线来受理，有利于形成专业化分工和专业化知识积累。于是，在一体化和专业化、统一化和属地化之间需要平衡，什么样的情况下应该保留专业化热线，什么样的情况下应该赋予属地管理权力，则涉及市民诉求管辖权限的设计。从当前改革的趋势看，市民诉求受理在一个城市范围内进行了集中统一管理，取消了不同层级受理权限；而专业化热线则只保留少数几个紧急的和专业性强的热线，如 110 电话、122 电话、119 电话等。

事实上，集中统一受理市民诉求代表了超大城市治理的发展方向，它既可以节省市民诉求的反映成本，又可以实现集中产生的专业化来提升运行效率。政府的平台化和一体化成为改革的趋势，数字技术加速了这一发展进程。政务服务平台的建设是这种改革的先导，它通过建立政务服务中心和“互联网 + 政务”服务模式实现了“一门、一网、一次”的改革目标，大大提升了政务服务的透明度、效率和品质。北京市接诉即办则是对政务服务改革的深化，并且是以政务服务热线的再改造的方式，使得政府与民众能够通过一个平台进行互动。一旦一个平台感知到市民对城市的问题、态度和需求，上级部门不但可以形成知识库，而且可以通过诉求受理和办理分离来监督诉求办理以满足市民需求。此外，市民诉求所形成的数据库，则为城市治理提供了丰富的治理财富，促进城市治理学习能力提升和可持续发展。

四、接诉即办的设计原理三：分层分级解决市民诉求

针对诉求受理，北京市接诉即办采取了集中统一受理市民诉求原则。针对诉求办理，北京市接诉即办则采取了分层分级解决市民诉求的原则，这是受理与办理的一种再平衡。在建立了市民诉求受理的统一平台之后，北京市接诉即办对诉求办理采取了直接派单机制，减少中间环节，让所有政府和部门分别接单，形成了分层分级解决市民诉求体系。考虑到问题大量在基层产生，民众直接与基层政府打交道，北京市接诉即办将街道和乡镇作为重点，通过直接派单到基层，形成到基层和一线解决问题的取向；并且，通过将诉求直接派单到基层，重新激活

“吹哨报到”机制，让街道和乡镇不得不吹哨，最终促进基层治理体系和治理能力现代化。为此，对街道和乡镇的诉求受理量和诉求解决效果进行排名，便成为北京市接诉即办的重要内容。

很多市民诉求可能超出了街道和乡镇的职权范围，使得区级部门甚至区政府要直接承担响应诉求和办理诉求的职责。通过这种机制，区级职能部门告别了过去依靠街道乡镇办理事项的格局，在解决问题的过程中既可以减轻街道乡镇负担，又可以对自身工作进行审视和反思。事实上，市民诉求是送上门的民意，也是对区级部门工作的反馈，更是对区级部门治理能力的检验。一个区级部门受理事项越多，说明它需要解决的问题越多，前瞻性规划和政策执行存在问题，需要改进自身治理。以东城区为例，2020年共办理诉求16.7万件，其中，区级部门办理9.9万件，占比59.28%，甚至超过了街道办理量。区级部门诉求办理量最低的是平谷区，2020年共办理11万件，其中区级部门办理3.1万件，占比28.18%。从目前的数据看，基本上形成了区级部门和街道乡镇共同解决市民诉求的格局。

北京市接诉即办在派单中，不仅对区级部门和街道乡镇进行直派，而且还对市级部门和国有企业进行直派，让市属部门来解决问题。这样，北京市又形成了“条块”在市级层面新平衡，不仅块块政府要解决问题，条条部门也要解决问题。目前，北京市公布了2020年诉求办理量最大的前10个市属机构，分别是市公安局、市卫生健康委员会、市交通委、市市场监督管理局、市教委、市税务局、市文化和旅游局、市人力资源和社会保障局、市住房城乡建设委、市规划自然资源委，说明这些部门与市民生活密切相关。而国有企业则主要是公交集团、热力集团、首开集团、电力公司、首发集团、歌华有线、燃气集团、自来水集团、地铁公司、首创集团等企业，它们都是一些公用事业，承担城市基础设施运营，同时也是国有企业承担社会责任的具体体现。

五、接诉即办的设计原理四：政府部门直接面向市民

通过分级分层解决市民诉求的设计，北京市接诉即办实现了第四个原理政府部门直接面向市民，使得党和政府与人民之间的联系更紧密。政府部门存在的意义是为人民提供公共物品和公共服务，这对块块政府和条条部门同样适用。传统上，块块政府中的基层政府与市民联系更紧密一些，直接与市民打交道，而区级

政府则更多是委托人角色，这样导致的结果是“上面千条线，下面一根针”，使得与民众打交道的基层政府任务繁重。相反，条条部门中无论是市级部门，还是区级部门，都承担政策制定的角色，政策执行或者由下级政府来完成，或者由基层政府来实施，致使政策制定与执行有脱离实际的危险。要改变上级政府与基层政府权责不对称现象，克服条条部门“悬浮”在上的问题，就需要所有政府部门直接面向市民。

将一些诉求直接分派给各级政府、部门、国有企业等不同治理主体，从初期看是一种被动面向市民的过程。对此，在北京市接诉即办初期，很多政府和部门抱怨它们的“主业”被接诉即办冲击，甚至一些政府和部门认为诉求人“无理取闹”。这种错误的观点和认识使得很多政府和部门在接诉即办中不能发挥主观能动性，导致了诉求解决率和满意率不高。实践中，很多部门开始提高认识和转变观点，使得接诉即办的成绩大幅度提升，人民群众的认同度也随之提高。以市直部门中北京市公安局为例，其是接诉即办中诉求量最多的部门，通过不断提升认识、转变观念、改进作用、创新方法，公安部门的接诉即办“三率”水平不断提升。与此同时，各个部门在办理和解决市民诉求中，也开始主动征求市民意见，在政策、制度、改革等各项任务和项目中提前吸收市民意见，从而避免后期问题的产生。

政府部门直接面向市民的设计原理也是党的群众路线与城市治理相结合的直接体现，在这个意义上，北京的接诉即办是新时代群众工作的新范式。群众路线是党的优良传统，脱离群众是最大的执政危险，群众路线要求从群众中来、到群众中去，一切为了群众、一切依靠群众。党的群众路线传统到了城市治理实践中，一些人认为城市治理是专业化比较强的工作，群众缺乏知识、水平和能力参与城市事务治理，久而久之便使得城市政府与民众之间距离感加深。事实上，当前西方国家所倡导的合作生产、合作治理、参与治理、互动治理等，虽然表述不同，实际上则与我们党的群众路线异曲同工。这也意味着，在未来的城市治理中，我们一方面需要借鉴新的理念、制度和技术；另一方面也需要注重对本土资源、历史和文化的开发与利用。

六、接诉即办的设计原理五：市民评价诉求解决效果

市民评价诉求解决效果构成了接诉即办的第五个设计原理，这一原理也是关

于问题与解决方案之间匹配性的评估。诉求是否得到解决，诉求办理人是否解决了问题，这些直接决定了接诉即办的成效。对于接诉即办效果评估，既可以从客观的角度进行评价，即诉求人反映的问题是否得到解决，城市运行及其状态是否发生了变化；也可以从主观的角度进行评价，即诉求人对整个诉求解决过程和结果是否满意。以上是从评估内容的维度进行评估，也可以从评估主体的维度进行评估，即接诉即办是否得到有效办理既可以让当事人来评价，也可以让第三方来评价。针对接诉即办效果，北京市选择了最直接和最有效的评价方式，由当事人进行主观评价，只对三项指标进行评价，即响应率、解决率和满意率。响应率考核诉求办理人是否第一时间响应诉求人的需求，解决率考核诉求人的事项是否得到解决，满意率考核诉求人对整个过程是否满意。此前，人们担心市民是否会因为自身事项得不到解决而不满意。后来从评价数据看，市民还是比较理性的，在解决率没有提升的情况之下，满意率得到较大改善。

市民评价诉求解决效果不仅成为市民的主观评价，而且成为政府考核和衡量各级政府和各个部门的依据。将民众的主观评价转化为政府的考核指标，使得民众的主观评价可以发挥指挥棒作用，这一指挥棒最终也将促使各级政府和部门在办理民众诉求时认真对待，注意民众反馈，从民众出发来思考问题和解决问题。与此同时，接诉即办所形成的考核也被纳入各级政府和部门的整体考核，使得接诉即办在整个政府工作中占有非常重要的分量。例如，公安部门将接诉即办放到与执法考核、组织建设等同等重要的位置，从而促使民警认真对待民众诉求。当前，北京市政府已将接诉即办形成的考核结果纳入整个地方政府和部门的考核，并且这些考核结果直接与绩效挂钩，有利于接诉即办发挥持续影响力。

为了在考核和评价中更加突出民众的重要性，并促使各级政府将民众的需求纳入日常工作中，北京市的接诉即办还创造性地形成了“七有”和“五性”的评价指标体系，从而使得整个评价更加具有针对性。“七有”是指“幼有所育、学有所教、劳有所得、病有所医、老有所养、住有所居、弱有所扶”，“五性”是指反映市民需求的便利性、宜居性、多样性、公正性、安全性。通过将市民诉求与“七有”和“五性”的内容进行聚集，不仅形成了新的评价指标体系，而且还使得评价本身更加具有针对性。我们也相信，北京市的接诉即办有了市民对每一件诉求评价的数据，未来将会形成更多的评价指标体系和内容，从而进一步提升首都治理体系和治理能力现代化水平。

七、接诉即办的设计原理六：解决问题背后的问题

接诉即办的良好运行有可能形成正反馈，市民越是觉得通过这种途径提出诉求有效果，越是会进一步使用，而随着接诉即办被更多人知晓，也会带动更多人使用接诉即办机制。北京市2020年的数据已经显示了接诉即办的正反馈作用，12345市民服务热线共受理群众来电1 103.94万件，环比2019年上升55.24%。接诉即办的正反馈机制有可能导致接诉即办悖论，即接诉即办越是运行良好，接诉即办要解决的问题越多，而增多的问题又给接诉即办本身运行带来挑战。要避免接诉即办悖论的产生，就需要加强源头治理、系统治理和综合治理，减少城市运行中存在的问题，这便是“主动治理”和“未诉先办”的主要内容。这样，接诉即办就提出了第六个原理：解决问题背后的问题，其实质是通过接诉即办来推动整个城市进行治理的学习、反思和改革，减少诉求产生的土壤和环境。

“主动治理”是推动解决问题背后的问题的重要举措之一，它强调从一个个问题的解决到一类问题的解决。要形成“主动治理”，就需要基于市民诉求对问题进行聚类分析，而如何将个别问题上升到一般问题，也需要政府部门提供问题分类框架，否则政府也无法对市民诉求进行统计和分析。一旦形成了问题分类框架，北京市接诉即办就可以对问题的总量、空间、动态演化等进行描述，对北京城市面临的一般性问题进行分析和研判，解决一类问题，从而为“主动治理”提供可能性。例如，北京市针对接诉即办中大量的存在的“物业管理”和“垃圾分类”等问题，就出台了专门性法规，这些法规的出台实现了从个别问题解决到一般问题解决的转变，有利于减少市民针对这些问题的诉求。

“未诉先办”则是推动解决问题背后的问题的根本性方法，它强调根据市民诉求去发现城市运行规律，依据城市运行规律来进行前瞻性城市治理，从而减少市民诉求的产生。在进行“未诉先办”的过程中，北京也需要在提前应对城市治理问题时，加强自身能力建设，提升城市学习和智慧性水平，让城市更聪明、更智慧。事实上，经过两年多的运行，北京市接诉即办可以发现城市在不同时期可能面临的问题，然后有针对性地进行提前预防，采取措施避免问题产生。例如，北京市有些区借鉴中医思想，对城市供暖采取“冬病夏治”的方法，这样就可以减少冬天供暖时市民的诉求数量。这意味着“未诉先办”的关键还在于对城市运行中潜在的问题进行预测，及时对城市运行进行监测和预警，并且进行有效应对和处置，持续改善城市治理体系和治理能力，从而使大部分问题在萌芽中得到解决。

八、接诉即办的设计原理七：市委监督激励接诉即办

在缺乏外部监督和激励的情况下，各级政府和部门可能没有动力将注意力分配到诉求办理中，要改变这种状态就需要进行强激励和强监督。市委监督激励接诉即办构成了北京市接诉即办的第七个设计原理，其核心是通过市委的高位推动，注重对接诉即办过程的监督和考核，注重接诉即办考核结果的使用，形成有利于各级政府和部门办理市民诉求的良好政治环境。事实上，市委监督激励接诉即办既是为了解决接诉即办中的委托代理难题，又是避免接诉即办道德风险的重要手段。由于接诉即办中的诉求受理采取集中统一的设计原理，而诉求办理采取分级分层的设计原理，形成了接诉即办中的诉求办理委托代理关系，要使得各级政府和部门认真办理诉求，就需要在约束和激励机制上下功夫。

考核机制的采纳和结果使用构成了接诉即办最重要的激励机制，它让接诉即办成为官员行为新的指挥棒。对于接诉即办的考核结果，北京市在两个方面进行了使用，即干部选拔和推动全市工作。一方面，接诉即办的成绩成为干部选拔最重要的指标之一，接诉即办排名较差的街道乡镇干部，其进一步晋升空间将受到限制。另一方面，接诉即办考核结果被应用于北京市委举行的区委书记和市直部门党组（党委）书记月度工作点评会上，通过发布最优秀的政府和部门，以及最差的政府和部门，形成表彰机制、竞争机制和压力机制，促进条块政府和部门以更高水平完成接诉即办工作，并最终带动全局工作的良好开展。北京市委从 2018 年开始举行“区委书记月度工作点评会”，并从 2021 年 1 月开始轮流举行“区委书记月度工作点评会”和“市直部门党组（党委）书记月度工作点评会”，实现了月度点评工作的全覆盖。月度工作点评会既是对全市工作的推动，也是成绩和问题的全面展示。通过点评会可以形成区政府和市直部门的“赛马机制”，从而共同提升首都治理体系和治理能力现代化水平。

在对全市干部进行激励的同时，北京市也对接诉即办中存在的违规行为进行监督和惩罚，对排名靠后的政府和部门进行约谈，形成压力传导以促进行为改变。事实上，倘若没有惩罚和监督，任何法律、法规、制度和规范都将是“一纸空文”，这同样适用于接诉即办制度。针对接诉即办中存在的违规行为，北京市纪委专门成立了监督部门开展专项督查，目前已经处理了很多官员，初步形成了较好的威慑、警示和教育作用。而对诉求量多和排名靠后的街道乡镇，北京市已经建立了专门的约谈和挂牌督办机制，通过共同研判和分析问题，寻找解决方案，来

帮助后进街道乡镇提升接诉即办的能力与水平。

九、接诉即办的设计原理八：使用制度规范接诉即办

使用制度规范接诉即办是北京市接诉即办的第八个设计原理，它既是接诉即办得以运行的基础，也是接诉即办可持续的保障。党的十九届四中全会聚焦“制度和治理”问题，提出了“坚持和完善中国特色社会主义制度、推进国家治理体系和治理能力现代化”这一主题。这也是官方首次系统论述制度和治理之间的内在关系。一方面，制度是治理行为的约束规则，治理需要在制度规范下开展行为；另一方面，制度也是治理实现目标的手段，治理通过建立制度来实现问题解决和公共服务供给。与此同时，一些好的治理实践和活动也需要通过制度来进行规范，以使得治理本身具有可持续性。北京在推行接诉即办实践时，非常重视使用制度的视角和工具来完善接诉即办治理，针对接诉即办的关键环节和问题出台规范与约束，形成稳定预期。更为重要的是，北京市通过对两年多的运行实践进行系统总结，现已出台《北京市接诉即办工作条例》，形成从各个环节和领域制度创新到制度的系统集成，为接诉即办提供制度支撑。

北京在实施接诉即办改革实践中，已经先后形成和完善了一系列的制度，这些制度包括总体性的制度，也包括专项性制度。总体性制度目前比较重要的有《中共北京市委　北京市人民政府关于进一步深化接诉即办改革工作的意见》和《关于优化提升市民服务热线反映问题“接诉即办”工作的实施方案》（以下简称《实施方案》），这两个文件基本上对接诉即办的整体运行进行了系统规范，也为之后的改革和规范指明了方向。以《实施方案》为例，北京市针对接诉即办中的平台建设制度、评价制度、部门联动制度、专项治理制度、挂账督办制度、联席会议制度、区委书记月度工作点评会制度、考核监督制度等进行了详细规定，这些是更为具体制度规范的基础，表明接诉即办从开始就非常重视顶层设计和系统谋划。专项性制度目前比较完善的是考评制度和月度点评制度，这两项制度也是接诉即办发挥作用的基础性制度安排。

当前，北京市正在从各领域的制度发展到系统集成转变，《北京市接诉即办工作条例》已于 2021 年 9 月正式出台。与之前的制度相比，《北京市接诉即办工作条例》属于法规层次，它通过法规来调整接诉即办中不同治理主体之间权利义务关系，明确接诉即办的范围、职责、义务和保障，使得北京市行之有效的接诉即

办实践能够长期坚持和有法可依。事实上，《北京市接诉即办工作条例》的出台，将一些关键要素、核心机制和主要节点以法律语言明确，也有利于形成可复制、可推广和可借鉴的北京经验。

十、接诉即办的设计原理九：开发接诉即办数据资源

开发接诉即办数据资源是北京市接诉即办实践的第九个设计原理，这一原理既是接诉即办实践设计原理的重要组成部分，也为其他设计原理发挥作用提供了数据支撑。北京市接诉即办在改革实践中，对于接诉即办数据资源的开发主要从事了数据资源治理、数据分析和数据智能化等几方面的探索。要对接诉即办数据资源进行开发，首先需要形成完整的接诉即办数据库，这就需要将市民诉求“数据化”，形成北京市统一的接诉即办数据资源平台。接诉即办最原始的数据是由一个个北京市民诉求形成的数据源，而构建数据资源就需要将原始数据进行编码，产生数据资源目录从而形成可用于分析的数据资源库。对于一条数据目录，定义的维度越多，未来可以用于分析的用途就越丰富；但是定义更多维度本身也增加了数据管理的难度。接诉即办数据资源库一旦形成，还需要对数据资源进行治理，规定谁可以使用数据、在什么样的情景之下使用、如何对数据资源进行开放等议题。随着北京市接诉即办数据资源库的丰富，数据资源治理会成为未来北京市接诉即办改革的重要内容。

对北京市接诉即办数据资源进行分析，是开发接诉即办数据资源这一原理的重要内容。数据不会说话，只有利用人类的理性逻辑，数据才能够转化为有用信息，进而为人类决策提供辅助支撑。当前，北京市已经利用接诉即办形成的数据资源完成了“日报告、周分析、月通报”的数据分析工作，并且还针对一些专项工作提供专题报告，从而使得北京市利用接诉即办数据资源提升大城市感知能力日益增强，为超大城市治理起到了参谋助手作用。事实上，未来如何进一步加强分析能力，尤其是引入高端智库、科研院所等第三方机构参与数据资源开发和利用，让接诉即办大数据资源得到最大限度的利用，形成更为丰富和完善的产品体系以满足不同治理主体和社会各界需求，将是北京市接诉即办改革工作的重点内容。

提升北京市接诉即办数据资源分析的智能化水平，是接诉即办数据资源开发的重要组成部分和应有之义。人工智能、区块链、大数据等新一代信息技术正在

对人类社会产生深远影响和变革，北京作为国际科技创新中心应该走在前列，而接诉即办大数据资源的智能化分析也应该成为新一代信息技术应用的重要场景。这意味着，无论是在“算法模型”的开发、“算力资源”的积累方面，还是在“智能系统”的创立以及使用人工智能提升整个接诉即办改革的智能化水平等方面，北京市接诉即办实践都有广阔的改善空间，而这些也是下一步接诉即办进行升级的重要内容。

第七章
接诉即办的驱动机制

从 2019 年 1 月 1 日开始，北京市在“吹哨报到”改革的基础之上，充分发挥 12345 市民服务热线作为市民诉求响应主渠道的作用，强调针对市民诉求“闻风而动，接诉即办”，开创了“面向人民、面向基层和面向问题解决”的超大城市治理创新的北京经验。经过两年多的运行，北京市接诉即办改革实践日益成熟，正在形成一整套快速回应民众诉求和推动问题解决的体制机制，人民群众大量的烦心事、操心事和揪心事得到有效解决，很多城市顽疾得到系统治理，大大提升了首都民众的获得感、幸福感和安全感。从北京市首次公布的 2020 年接诉即办数据来看，无论是诉求量、响应率、解决率还是满意率等都有较大提升。

接诉即办的北京经验正在得到越来越多的民众和官员认可，并且在纵向和横向两个层面得到扩散。在纵向层面，党中央、国务院出台的《关于加强基层治理体系和治理能力现代化建设的意见》和国务院办公厅印发的《关于进一步优化地方政务服务便民热线的指导意见》等都充分借鉴了北京市接诉即办的改革经验，前者关注接诉即办对超大城市基层治理改革的价值，后者重视接诉即办对政务服务便民热线改革的启示。在横向层面，内蒙古呼和浩特市等地开始全面引入北京市接诉即办改革经验，对 12345 市民服务热线进行升级和改造，更好地回应民众诉求和提升城市治理能力。可以预测，未来会有越来越多的地方借鉴北京市接诉即办改革的经验来对传统“市长热线”或市民服务热线进行改造，更好地回应民众诉求，促进问题解决。

一、接诉即办的反馈机制

接诉即办不同于传统的 12345 市民服务热线的关键点在于北京市委主要领导的强力推动，通过市民评价来建立接诉即办的反馈机制，实现了市民与政府部门之间权力关系的再平衡，从而形成了接诉即办治理体系的完整闭环，真正让“以人民为中心”的理念在超大城市治理中得以体现。反馈机制是系统论、控制论和信息论的基础，它强调通过反馈实现系统与环境之间的有机平衡，从而实现控制论预期的目标①。反馈机制涉及系统与环境之间的信息交互，任何智能系统都蕴含着反馈机制。以企业为例，顾客对产品的评价构成了反馈机制，企业只有认真对待顾客的反馈才能够在市场中生存，否则就会被顾客抛弃。同样，对于公共部门而言，建立反馈机制也有利于改善政府绩效，中国政务服务就是通过“好差评”制度建立了民众对政务服务感受的反馈机制，从而使得政务服务绩效水平得以不断提升。

接诉即办得以有效运行的核心机制就是建立了以响应率、解决率、满意率“三率”为基础的反馈机制，促使各级政府和部门认真对待市民诉求。一方面，反馈机制的建立树立了市民对接诉即办的信任和信心，这本身是政府和市民之间的一种心灵契约。从很多市民的反馈看，他们最开始拨打北京市 12345 市民服务热线时，并没有抱有太大希望，但是后来政府的行动及问题解决超出了他们的预期。正是在一件件事情的办理过程中，市民认识到接诉即办管用，也使得更多民众选择通过 12345 市民热线反映诉求。另一方面，反馈机制的建立形成了对政府各级部门解决问题的倒逼机制，让这些政府部门调动积极性和主动性回应市民诉求，帮助民众解决问题，从而真正建立人民满意的服务型政府。很多时候，如果没有市民的反馈机制，尤其是让市民来评价诉求办理情况，政府部门可能就不会对这些事项进行注意力分配。因此，反馈机制的建立使得市民和政府之间的联系更加紧密，市民通过评价权来平衡政府的行政权，从而让行政权服务于民众需求。

接诉即办的反馈机制能够及时回应市民诉求，反过来也会使得市民提出更多的诉求，这意味着接诉即办的反馈机制在本质上是一种正反馈机制。从北京市发布的 2020 年报告来看，北京市 12345 市民服务热线一共受理市民诉求 1 103.94 万件，比 2019 年上升 55.24%，这是接诉即办正反馈机制在数量上的体现。从长期来看，如果正反馈机制使得市民诉求不断增多，从而进一步消耗行政资源，则意味着接诉即办本身不具有可持续性。正是基于这一点，北京市在推进接诉即办改革的同时，也十分重视“主动治理”和“未诉先办”，就是要赢得主动权降低整体诉求量。

① Baumgartner F R, Jones B D, Wilkerson J. Comparative studies of policy dynamics[J]. Comparative political studies, 2011, 44(8): 947-972.

我们认为，要想保持北京市接诉即办的正反馈机制良好运行，需要让诉求量向上的“正反馈机制”转型成诉求量向下的“正反馈机制”，使得正反馈机制与可持续并行不悖。这意味着，从理想类型看，北京市接诉即办的正反馈机制会经历三个阶段，即诉求量上升时期的正反馈机制、诉求量平衡时期的正反馈机制和诉求量下降时期的正反馈机制。当前，北京市正处于诉求量上升时期的正反馈机制阶段，主要是由于早期问题多，回应市民诉求的渠道不畅通，一旦市民发现接诉即办有利于回应他们的诉求，就会形成更多的“示范效应”。而正反馈机制在推动解决问题的同时，也通过“主动治理”和“未诉先办”来减少诉求量，此时市民通过正反馈机制增加的诉求量会少于因“主动治理”和“未诉先办”减少的诉求量，接诉即办便进入平衡时期，形成一个紧平衡的状态。当进入诉求量下降的正反馈机制时，“主动治理”和“未诉先办”超过了诉求量，使得在积极回应市民诉求的同时，还会迈入一个诉求总量下降的阶段，最终进入一个超大城市的良好治理状态。

将正反馈机制与诉求总量相结合做出的北京市接诉即办三个阶段的判断，是基于北京市整个体系进行的分析。事实上，不同政府部门、系统和地域会率先经历不同的发展阶段，这也是各个部门和地区治理能力差异的体现。一般而言，考核排名长期处于前 30 名的街道和乡镇，应该会率先从诉求量上升时期的正反馈机制迈入诉求量下降时期的正反馈机制，表明这些地方不需要花费很多时间和精力就能够办理好市民诉求。与此同时，每办理好一件市民诉求，也会减少市民诉求的总量。相反，长期处于后 30 名的街道和乡镇，应该是仍旧处于诉求量上升时期的负反馈机制阶段，一方面不能很好地回应市民诉求，另一方面诉求量不断上升。因此，未来很长一段时间内，北京市面临着既要帮助一些街道和乡镇从诉求量上升时期的负反馈机制向诉求量上升时期的正反馈机制转变，又要帮助一些街道和乡镇从诉求量上升时期的正反馈机制向诉求量下降时期的正反馈机制转变。只有这样，市民评价通过反馈机制形成的为民效应才具有可持续性，也才能够从根本上改善首都治理体系和治理能力现代化水平。

二、接诉即办的考评机制

接诉即办考评机制的建立，一方面为反馈机制的良性运行提供了支撑和保障，另一方面也通过绩效排名发挥指挥棒作用，形成了各级政府部门办好民众诉求的

“赛马效应”。针对市民诉求，北京市各级政府和部门之所以能够有效回应并形成正反馈机制，与北京市在接诉即办中推行考评机制是分不开的。反馈机制有正反馈和负反馈的区别，正反馈是快速回应民众诉求从而会鼓励民众进一步提出诉求，而负反馈则是忽略民众诉求从而打消民众进一步提出诉求的可能性。尽管负反馈会导致诉求量总量降低，但是这种降低并非解决问题之后诉求量减少，而是有意识忽略的结果。对于政府而言，其追求的应该是基于正反馈机制下总诉求量的下降，这才是真正的诉求量减少。很显然，考评机制的建立，尤其是北京市委直接将市民评价作为考评的主要依据，直接使得各级政府必须通过正面回应诉求来获得较好的绩效排名。从这个意义上看，接诉即办的考评机制在驱动机制中发挥着关键作用。

接诉即办的考评机制不仅能够推动正反馈机制的效果发挥，形成的绩效排名还可以促使不同政府和部门进行绩效比较，在学习和比较中形成“赛马效应”①。早在 2018 年 9 月 29 日，北京市委在第二次区委书记月度工作点评会上就首次提出：“区委书记桌上摆放了 16 区工作情况汇编，其中既有各位区委书记工作简报、各区工作亮点，还有媒体监督反映的问题。大家可以相互比较，同一个月都在干什么，希望能形成赛马效应。”随后，2018 年 11 月 30 日，北京市委在第四次区委书记月度工作点评会上，再次提出各区“相互比较，学习借鉴，形成赛马效应”。在早期，由于缺乏共同的定量指标，北京市委希望各区通过比较和借鉴形成“赛马效应”的设想，更多的是一种倡导和引导。事实上，正是从 2019 年 1 月 1 日开始，北京市委重新激活 12345 市民服务热线，深化接诉即办改革，把响应率、解决率和满意率的“三率”作为指标，以每个月作为评价周期，对各区进行考评，从而形成区级和街道乡镇排名，为推动“赛马效应”的真正形成提供了可比较、可量化的数据基础。在月度评价周期内，各级政府和部门都能看清楚自己的排名，这样既能够和自身历史排名进行纵向比较，又能够和其他区域和部门进行横向比较，使得“赛马效应”的成效越来越显著。

经过两年多的运行，接诉即办的考评机制日益系统、全面和完善，正在发挥较好的锦标赛作用。从考评指标上看，北京市政务服务管理局于 2021 年印发了《调整完善接诉即办考评工作办法》，在对响应率、满意率、解决率等指标进行完

---

① Murayama K, Elliot A J. The competition-performance relation: a meta-analytic review and test of the opposing processes model of competition and performance[J]. Psychological bulletin, 2012, 138(6): 1035-1070.

善的基础上，增加了“万人诉求比”和“基数诉求比”两个观察指标，以期更完整地衡量接诉即办的成效。“万人诉求比”主要是对诉求总量的衡量，它是从诉求量上升的接诉即办正反馈机制向诉求量下降的接诉即办正反馈机制转变的推动力量。“基数诉求比”则是对自身诉求量的历史比较，通过该指标激励不同主体减少诉求量，从根本上看也是为了实现向诉求量下降的正反馈机制转变。从考评内容上看，北京市政务服务管理局除了对所有诉求按照“三率”指标进行考核排名之外，还在 2020 年 3 月出台《新型冠状病毒感染肺炎疫情防控“接诉即办”考评暂行办法》，通过综合考评促进各级政府和部门应对疫情防控，统筹疫情防控和经济社会发展。此外，北京市还针对“七有”目标和“五性”需求提出了更加注重民生的综合评价办法，以引导各级政府和部门更加重视民众需求，真正实现以人民为中心的超大城市治理。从考评对象上看，北京市在 2019 年对区级政府和街道乡镇接诉即办工作成效考评的基础上，于 2020 年 1 月出台了《关于进一步完善市级部门“三率”考评工作的实施方案》。通过引入市级部门承办派单“三率”成绩和主管行业问题平均“三率”成绩来对其接诉即办办理成效进行考核排名，实现了接诉即办综合考评所有层级、领域和部门的“全覆盖”，有利于调动所有政府和部门力量推动“主动治理”和“未诉先办”，真正提升超大城市治理水平。

任何考评机制的考核指标、办法、内容等都难免有其自身的局限性，而考评机制的科学性要求其本身随着环境和时间动态演化。从某种程度上看，考评机制本身也是考评者和被考评者相互博弈的产物，考评机制要发挥作用也需要随着被考评者策略变化而进行优化和调整。在考评机制开始创立时，不同政府和部门由于自身的差异性，会有不同的意见和看法，尤其是对有效性和公平性的考核。越是被考评者接受的这些考评机制，所期望的“赛马效应”才越有可能发生。随着接诉即办考评机制的日益完善，各级政府和部门对于考评结果的接受度和认可度也大大提升，正在从“我被评”到“我自评”转变，接诉即办发挥“城市体检”的重要性凸显，这也是考评机制得到认可的体现。

三、接诉即办的披露机制

为了让接诉即办的考评机制发挥作用，就需要促进考评结果的有效使用。当前，北京市委主要通过披露机制和激励机制来支撑考评机制实现“赛马效应”，披露机制主要是基于信息和道德来规范人的行为，而激励机制则是基于偏好和惩罚来规范人的行为①。从某种程度上看，正是通过披露机制和激励机制为考评机制提供支撑，最终使得反馈机制发挥作用，实现“民有所呼，我有所应”。这也说明，接诉即办要想取得成效，需要依靠多重机制相互支撑、相互促进和相互协调，而不能仅仅依靠单一机制来实现诉求办理。简而言之，北京市推行的接诉即办改革牵一发而动全身，是一个超级复杂的超大城市治理系统变革，它构成了超大城市治理大变革的“小切口”。这一部分，我们重点讨论披露机制，下一部分讨论激励机制。

从2019年1月开始，在北京市委召开的区委书记月度工作点评会上，各区和街道乡镇的接诉即办排名情况向社会公布，最初只是公布排名前三的区、最后一名的区、前十的街道乡镇和诉求量前十的街道乡镇。从2019年5月开始，北京市除了公布排名前三和最后一名的区之外，还正式公布了先进类、进步类、整改类和治理类四类各10个街道乡镇，其中先进类是综合排名前十的街道乡镇，进步类是环比进步幅度大的前十名街道乡镇，整改类是综合排名后十的街道乡镇，治理类是诉求最集中的前十名街道乡镇。这使得信息披露制度走向标准化、程序化和体系化。从2019年4月开始，北京市委召开的区委书记月度工作点评会也开始公布市直部门排名靠前的单位和最后一名的单位，这意味着信息披露机制日益健全。随着北京市“七有”和“五性”考评指标体系的建立，北京市委在区委书记月度工作点评会上也开始公布“七有”和“五性”的综合排名情况，并且将分项排名情况用于会议点评中，进一步扩大考评结果的使用范围。

北京市委每月召开的区委书记月度工作点评会或者市直部门党组月度工作点评会成为北京市委推动各项工作的重要议事平台，它既是一个督促重要工作开展的沟通平台，又是一个发布重要信息的披露平台。从某种程度上看，月度工作点评会是一种促进工作交流、实现上下沟通和形成共识的过程。通过月度工作点评会，各区、各部门的重点工作，以及其在北京市城市战略定位中的位置得以厘清，存在的问题得以诊断，进而提出了下一步改进方向，这是北京市重大工作得到有效推动的沟通平台。目前，很多其他地方开始学习北京市区委书记月度工作点评会这一模式，而月度工作点评会作为一个程序性沟通平台，形成了共识，发挥了

---

① Rusina A. Name and shame? evidence from the European Union tax haven blacklist[J]. International tax and public finance, 2020, 27(6): 1364-1424.

很好的作用。

作为接诉即办考评结果的披露平台，月度工作点评会基于信息和社会规范形成一种道义效应。月度点评的特点是其考评结果不仅在“同行”之间进行扩散，还会在社会范围内扩散，成为一种公共信息。接诉即办考评结果的发布，就是通过信息来规范治理主体的行为，推动各级政府和部门到一线解决问题，提升人民群众的获得感。这里所谓的道义效应，主要是指接诉即办考评结果排名靠前的区、街道乡镇和市直部门会有一种荣誉感，感受到市委对它们工作的认可。相反，对于接诉即办考评结果排名靠后的区、街道乡镇和市直部门则感受到市委对它们工作的一种点名批评，会承担一种道德上的内疚感。在这种考核评价中，由于北京只有 16 个区，这会对区形成更大的压力，尤其是排名最后的区。原因很简单，街道乡镇由于数量众多，达到 300 多个，每次只公布 40 个左右，不太容易形成固定印象，而区的数量少，较容易形成固定印象，这使得信息披露对于区的压力更大。

由此可见，道义效应的发挥，既依靠个人对结果的感知，又依靠社会规范对个体所形成的压力，两者缺一不可。更多的信息公布，会进一步提升接诉即办的治理绩效。事实上，信息既是重要的治理资源，又是关键的治理手段。信息作为治理资源，主要是强调治理主体需要依靠信息才能够找到要治理的问题、优化治理方案。从这个意义上看，接诉即办成为一种发现问题的机制，它是城市与市民进行问题和诉求互动的平台，通过这个机制，超大城市治理的问题得以被建构。信息作为治理手段，主要是强调更多的信息发布会减少治理主体和治理对象之间的信息不对称，使得治理主体和治理对象能够在信息指引之下进行行为调整从而提升治理绩效。未来，北京市可以在进一步利用好接诉即办的大数据上下功夫，形成信息和数据驱动的超大城市治理变革。

四、接诉即办的激励机制

考评结果的披露最终只是对各级政府和部门官员的一种软约束，它需要依靠对官方行为能够产生直接影响的硬约束来支撑，这是接诉即办激励机制的关键[①]。简而言之，政府和部门官员会重视自身的形象和图景，但他们更注重自身的直接利益和偏好实现程度。激励既有正向激励，又有负向激励，有时候负向激励也被

① Simon H A. Administrative behavior[M]. New York: Simon and Schuster, 2013.

称为约束。正向激励这里指通过满足官员的偏好来引导他们的行为，要求接诉即办与官员的偏好实现挂钩。负向激励这里指对官员实施惩罚，要求接诉即办与官员的利益受损建立联系。北京市在推行接诉即办改革时，非常重视将接诉即办与官员晋升、专项监督等联系在一起，十分重视发挥北京市委组织部、市纪委在接诉即办中的作用，从而为激励机制的实现提供了组织和制度保障。

接诉即办的正向激励机制主要是通过干部提拔而产生的晋升效应起作用，这使得各级政府和部门给予接诉即办更多的注意力分配。对于官员而言，最大的激励来自晋升激励，这里的晋升意味着从较低岗位上升到更高岗位。2019 年 7 月 31 日，北京市召开七月份区委书记月度工作点评会，会上明确提出："相关部门要主动介入督办高频问题，将基层办理结果纳入部门考评，注重在'吹哨报到''接诉即办'中考察干部。"随着接诉即办改革深入和考评机制科学化水平提升，北京市将干部选拔任用与接诉即办联系起来，明确规定接诉即办绩效排名靠后的区、街道和乡镇干部不提拔，优先提拔排名靠前的干部，而对于长期处于后面的干部则进行岗位调整，这极大地调动了干部做好接诉即办工作的主动性、能动性和积极性。干部晋升制度的调整，意味着做好接诉即办工作成为干部晋升的必要条件——接诉即办工作做得好不一定提拔，而接诉即办工作做得不好一定不提拔，这形成了面向基层一线的用人导向。事实上，接诉即办工作是以人民为中心的思想在超大城市治理中的集中体现，将其作为用人的基本要求，这本身就是培养甘做人民公仆的领导干部的具体举措。

接诉即办的负向激励主要是通过专项监督带来的威慑效应来实现，这使得各级政府和部门不得不重视接诉即办工作。2019 年 1 月 30 日召开的区委书记月度工作点评会明确提出："市委督查室将会同市政务服务局对反映突出问题进行点穴式督办。"接诉即办成为市委督查的重点，这也是市委注意力分配的体现。要让各级政府和部门的领导干部在接诉即办改革中勇于担当，及时回应民众诉求，还需要对敷衍群众的作风和行为进行监督，并且及时对违规行为进行纠偏，通过惩罚的威慑来促使各级政府和部门回应和解决民众诉求。为此，北京市各级纪检监察机关聚焦办理群众诉求态度恶劣、作风粗暴，假办理、假作为、假履职，整改不力、未见实效等十二类问题，仅 2020 年 1 至 10 月共发现问题线索 1 032 个，组织处理 448 人，给予党纪政务处分 7 人，下发纪律检查建议书、监察建议书、提醒函 102 份。此外，针对排名靠后的街道、乡镇，北京市还建立专门的约谈制度，督促这些街道、乡镇进行整改，以提升对民众的回应性。这些立体式监督制度的建立，形成了接诉即办的威慑效应，让各级政府部门和官员切实履行自身职责。

五、接诉即办的学习机制

所有的考评机制和激励机制最终都需要影响和改变政府部门及其官员行为，促进问题解决，回应民众诉求，从而实现以人民为中心的超大城市治理变革。因此，所有在一线回应和解决民众诉求的基层政府和官员的治理能力的高低成为接诉即办能否取得成效的关键变量，提升治理能力也成为进一步深化接诉即办改革的重要内容。与其他治理任务相比，接诉即办所产生的治理任务具有个性化、多样化和复杂化等特征，很多治理任务甚至是棘手难题，这对常规式、程序式和规律式的官员治理逻辑构成了巨大挑战。因此，在面对接诉即办的治理任务时，很多基层组织和基层官员感觉压力大、疲于应付和不得要领，使得其对接诉即办产生了负面认知和评价，这种负面认知和评价又进一步限制了其积极性和主动性的发挥，并进一步强化负面认知和评价，最终形成了不利于问题解决的“认知陷阱”。

接诉即办的考评机制和激励机制最终需要通过学习机制来提升诉求办理效率和水平，形成问题解决的能力效应。无论是从接诉即办办理好的区、街道、乡镇看，还是从较差的办理水平向较好的办理水平转变的区、街道、乡镇看，破解“认知陷阱”和提升问题解决率的关键还是依靠学习，通过学习来改进对问题、解决方案和民众的认知，从而寻找到符合问题情景和民众需求的解决方案，并最终获得民众的认可。诉求办理通过学习机制来形成能力效应，需要通过经验学习、标杆学习、开发学习、探索学习、行动学习、互动学习等多个方面的努力，最终才能更好地回应民众诉求①。事实上，只有通过不断学习，才能够更好地适应变化的环境、民意和诉求，才能够寻找出更智慧的解决方案，接诉即办也才能够具有可持续性。

要提升诉求办理的能力，各级政府部门和官员首先需要向经验学习，通过对经验进行总结和诊断，剖析自身的不足和问题，寻找改进办法，并通过不断试错来提升治理能力和治理水平。从经验学习是人类本能，也是人类适应环境的一种

① Argyris C. Double loop learning in organizations[J]. Harvard business review, 1977, 55(5): 115-125.

重要适应性机制。排名靠后的街道、乡镇，尤其需要从自己过去失败的教训中寻找改进办法。仅仅从经验中学习还不够，治理主体要提升治理能力，应对接诉即办的挑战，还需要向标杆学习，向接诉即办中排名靠前的区、街道、乡镇、部门学习，学习其诉求办理中的成功经验和做法，并且同自身的治理情景和任务相结合。此前，北京市大兴区连续两年排名靠前，创造了很多工作方法，甚至机构改革方法都被其他政府部门广泛借鉴学习。政府部门和官员针对诉求办理学习，要区分开发学习和探索学习，并且未来要转向探索学习。开发学习主要是借鉴已有知识来促进自身问题的解决，这是拿来主义思想的核心内容；而探索学习则是强调治理主体需要针对自身问题情景创造新的知识，通过新知识来解决问题。这说明，不同区、街道、乡镇和部门在学习其他治理主体经验时，有些经验和知识可以直接使用，更为重要的是要进行适应性创新。要使得学习有成效，治理主体还需要在行动中学习，通过行动来提升学习能力，通过行动来检验学习成效。行动学习意味着学习本身是一个实验过程，不同治理主体需要将学习与行动结合起来，通过学习来改进行动，提升诉求办理水平。除了单向度学习之外，治理主体还需要通过双向度学习来改善治理绩效，这是互动学习的范畴，它强调基层政府和官员需要在与群众交往中学习，从而寻找问题解决的办法，这也是中国倡导群众路线的核心思想。

六、接诉即办的认同机制

任何外在的考评机制和激励机制对行为的影响都是短暂的，接诉即办改革要具有可持续性，就必须形成一种内在认同，从而成为一种习惯和自觉。为此，北京市接诉即办改革非常重视认同机制的建立，通过宣传教育来形成文化效应，使得各方自觉主动参与接诉即办工作，实现“民有所呼，我有所应”。与考评机制和激励机制相比，认同机制是一种自内而外的机制，其驱动力来自行动者自身，他们做好诉求办理的主要动力是对这项改革的认可[①]。因此，认同机制从本质上看是一种观念现象，政府部门和官员因为同意其背后的理念和逻辑而自觉将行为与改革者所要求的保持一致。简而言之，政府部门和官员主动回应民众诉求，并非来

① Lee S M. An empirical analysis of organizational identification[J]. Academy of management journal, 1971, 14(2): 213-226.

自上级部门考核要求，也不是基于晋升的动机，或是迫于监督压力，而只是因为个人自觉将接诉即办改革的价值作为自身的价值，自觉将接诉即办改革的要求作为自身的要求，自觉将接诉即办改革的目标作为自身的目标，实现个人和组织的有机统一。

接诉即办的认同机制的建立，需要依靠宣传教育等达成共识，最终使得接诉即办成为一种习惯、传统和文化。当前，北京卫视专门针对接诉即办制作节目《向前一步》，对接诉即办改革的典型经验进行宣传，以使接诉即办改革的双方获得共识。除了电视之外，报纸、微信公众号等也开始对接诉即办改革进行报道，不同典型经验和事例的陈述，为接诉即办改革共识的形成提供了经验基础。接诉即办最终需要合理的诉求人和合格的办理人相互理解、相互协商和相互认可，这是一个合作生产的过程。一旦诉求人和办理人能够从对方立场看待问题，相互之间就会有更多的理解、信任和共识，这样有利于问题解决，使得接诉即办具有可持续性。

除了宣传教育之外，要促进接诉即办认同机制的建立，还需要通过培训、对话、协商等多样方式和手段来促进共识形成，将接诉即办从一种“他者行为”转化为“自我行为”。培训是促进接诉即办价值观被接受的一个重要手段，除了传统培训之外，有必要专门针对接诉即办建立培训课程，让所有公务员接受接诉即办改革的基本理念、价值和逻辑。在培训的基础之上，还有必要建立一些有利于共识形成和价值观形成的对话与协商平台，一方面让不同的观念和价值能够相互碰撞，因为观念最终需要依靠观念来说服；另一方面让不同的治理主体共同对话和协商，这既是一种问题解决的过程，也是一种相互理解、相互信任和共享信念形成的过程。

第八章
接诉即办的考评优化

考评机制是接诉即办的核心驱动机制，也是接诉即办撬动首都超大城市治理创新，推进首都治理体系和治理能力现代化的关键一环，在实现“民有所呼，我有所应”中发挥着重要作用。经过两年多的运行，接诉即办考评机制越来越完善，形成了由评价指标、评价主体、评价对象、评价内容、评价方法等组成的科学化、系统化和精细化的评价体系。北京市基于考评机制所形成的绩效排名，正在发挥指挥棒的作用，引导各级政府和部门面向基层、面向人民、面向问题，形成了到基层一线解决人民群众的操心事、烦心事和揪心事的鲜明导向，产生了各级政府、各部门在为民办实事中的“赛马效应”。

考评机制在发挥成效的同时，也面临着一些挑战。这些挑战主要包括：目前还缺乏针对区、街道、乡镇接诉即办长期绩效的评价；月度排名对被评估对象的激励正在减弱，甚至产生了一些负向激励；缺乏对于不同层级部门主要负责人在接诉即办绩效方面横向和纵向比较的参照系。接诉即办是一项没有终点的治理大考，这需要将对各级政府、部门的长期绩效考评提上日程，形成增量考评和存量考评相结合、相对考评和绝对考评相结合的绩效考评体系。

为此，我们提出：将每次月度考评作为区、街道、乡镇长期绩效的一个积分点，通过将月度考评绩效排名标准化，把区级政府排名划分为四个等级，街道、乡镇排名划分为十个等级，分别对处于不同等级的区级政府和街道、乡镇进行赋值，以此对区级政府和街道、乡镇进行长期绩效排名。一旦将每次月度考评绩效排名标准化，就可以既对不同区级政府和街道、乡镇的长期绩效进行计分和排名，还可以用于纵向比较、横向比较和标准比较，让不同区级政府和街道、乡镇有更好的参照系，也更有利于衡量主要领导干部在接诉即办工作上的绩效差异。

基于 2019 年和 2020 年接诉即办月度考评排名数据，我们发现大兴区、怀柔区、石景山区、东城区处于前 4 名，但只有大兴区在所有 24 期排名中均接近前 25% 的位置，密云区、房山区、通州区、昌平区处于后 4 名，并且长期处于后 50% 的位置。基于同样的方法，我们发现长期处于前 20% 位置的“九星”街道、乡镇只有天竺镇、亦庄镇和宝山镇，目前还没有“十星”街道、乡镇。琉璃河镇、沙河镇、天通苑南街道、常营地区、来广营地区、永顺镇、大峪街道、十三陵镇、龙泽园街道等 9 个街道、乡镇长期处于后 30% 的位置。这些长期绩效的测量和发现，使我们可以有针对性地对一些地区开展治理变革，以提升民众的获得感、幸福感和安全感。

一、接诉即办考评机制面临的关键挑战

考评机制在接诉即办发挥成效方面起着关键作用，它以民众的“响应率、解决率、满意率”为基础，形成对各区、街道、乡镇、市直部门、国有企业等考评对象的综合得分，并在得分基础上进行排名。目前，接诉即办的绩效排名主要有两个评价周期：一个是月度评价，绩效排名在月度工作点评会中进行公布，当前重点公布排名前三的区和最后一名的区，对于街道和乡镇则主要公布排名前 10、后 10、环比进步前 10、诉求量前 10 四类排名情况；另一个是年度评价，在当年的 12 月份对全年的绩效排名进行公布，区政府排名公布情况与月度评价相同，街道、乡镇公布排名前 30 以及各个区排名前三的街道、乡镇。除了对各区、街道、乡镇、市直部门、国有企业等进行综合评价之外，北京市民热线服务中心还专门针对疫情防控、垃圾分类等开发了专项性评价指标体系，以及针对“七有”“五性”形成了另外一个重要的绩效考评体系。

通过建立这些多层次、多维度、多指标的绩效考评机制，具有首都特点的接诉即办考评指标体系初步形成。考评机制推动接诉即办向纵向改革，激发各级政府、部门和干部的积极性，切实让人民群众得到实惠。从各种数据看，北京市民对于市委市政府的满意度持续提升。在取得成效的同时，我们也应该看到当前绩效考评机制还面临一些挑战，主要表现在以下几个方面：

1. 针对区、街道、乡镇接诉即办长期绩效的考评机制还没有建立

当前，对于接诉即办考评基本上是以月度为单位，以年度为周期，一个年度结束之后又重新开始新的考评。缺乏对一年以上的接诉即办绩效的考评，这意味着每一年结束之后又重新开始一个新的周期。这种以年为周期的考核，可能使一

些部门滋生侥幸心理，当它们的接诉即办绩效差时，便努力一段，在努力取得成效之后可能又会放松，这不利于接诉即办的可持续性，更不利于“主动治理、未诉先办”的推行。而一旦将接诉即办长期绩效纳入考评范围，便可以激励已经付出努力的政府和部门，还可以规避一些政府或部门的策略性行为。例如，一个区连续两年都处于长期绩效领先的地位，但新的一年因为一些特殊原因暂时处于落后位置，在这种情况下长期绩效可以作为其继续努力的支撑，不会挫伤其工作积极性。此外，有了长期绩效的考评，也会有利于政府、部门、街道、乡镇在追求当月绩效排名的同时，能够更加关注长远绩效，不太受一时绩效差异的影响。

2. 月度排名对被评估对象的激励正在减弱，甚至产生了一些负向激励

月度排名是一种强激励，每月都需要排名，这使得所有政府、部门、街道、乡镇等都面临着考核压力，并且这种压力持续存在。在强压力之下，一些政府、部门、街道、乡镇可能实现跨越，进入诉求量下降和绩效排名上升的良性循环中，从而走出“绩效焦虑”。但与此同时，很多政府、部门、街道、乡镇也有可能陷入高诉求量和低绩效排名的恶性循环中，进入“绩效陷阱”周期。一旦迈入“绩效陷阱”，月度排名可能会产生负向激励，因为这些政府、部门、街道、乡镇可能会认为自己再怎么努力也不可能取得好绩效，从而不会愿意投入更多的时间、精力和财力，进一步使得这些政府、部门、街道、乡镇长期处于排名靠后的位置。

3. 缺乏对于不同层级部门主要负责人在接诉即办绩效方面横向和纵向比较的参照系

对于区、部门、街道、乡镇的接诉即办绩效差异，一个重要的争论在于差异到底是由所在区域位置和基础条件决定，还是由主要负责人的重视程度和努力决定的。这一争论要求我们对绩效差异中负责人的主观能动性进行衡量，从而更好提升干部工作积极性。例如，一个区域长期排名靠前，新的干部上任之后，如果排名仍然能够保持或者有所进步，就是其绩效好的表现；对于一个长期排名靠后的区域，新的干部上任之后，如果排名同样能够有所提升就是其绩效好的表现。而要衡量一个区域是否有进步，当前的排名信息可以起到一定作用，但是还缺乏比较明确的参照系，尤其是当需要考虑历史因素时，更是如此。例如，对过去23个月的排名计算一个标准分，就可以构造出一个衡量相对绩效的参照系。

二、优化接诉即办考评机制的思路和方法

基于上述挑战，我们认为可以在不改变当前接诉即办绩效考评指标体系的情况下，通过绩效排名标准化、绩效信息符号化、绩效周期得分化等思路和方法，对现有考评机制进行优化，实现对各区、街道、乡镇的接诉即办长期绩效的衡量，让各个区、街道、乡镇在进行即时竞争的同时，能够着眼于长期竞争，真正实现“主动治理、未诉先办”的目标，从而使得“赛马效应”可持续化。对于优化接诉即办考评机制的思路和方法如下：

1. 将月度排名标准化，计算每个区、街道、乡镇在每次排名中的得分

考虑到北京市有 16 个区，对于每个区的月度排名，我们可以按照每 25% 为一个等级的分类形成四个排名等级，其中处于前 25% 的区计 4 分，处于第二个 25% 的区计 3 分，处于第三个 25% 的区计 2 分，而处于最后 25% 的区计 1 分。对于北京市街道、乡镇月度排名，我们可以按照每 10% 为一个等级的分类形成十个排名等级，其中处于前 10% 的街道、乡镇计 10 分，也可以称为“十星街道、乡镇”，这意味着它们的接诉即办绩效处于前 10%，依此类推“九星街道、乡镇”处于第二个 10% 的排名序列，计 9 分，而排名最后 10% 的街道、乡镇则计 1 分。通过将月度排名标准化，我们成功实现将绩效排名转化为得分的目的，这为后面的符号化和长期绩效排名奠定了基础。

2. 基于月度排名标准化的得分，计算每个区、街道、乡镇接诉即办的长期绩效

当前对于年度绩效的计算，主要是基于月度绩效的平均分得出。我们认为，可以改变长期绩效生成方式，从以月度绩效的平均分为基础转变为以月度排名及其标准化得分为基础，这样可以形成长期绩效的自然累加。这意味着，每次月度排名就是一次比赛，而年终比赛成绩和长期比赛成绩是基于每次月度比赛的成绩，这样会使得不同治理主体能够更认真对待每一次比赛。当然，月度绩效平均分和月度排名标准分肯定会有一定相关性，但是月度排名标准化对于计算年度绩效排名和长期绩效排名会更有价值。例如，当前接诉即办已经运行两年多，这意味着已经进行了 28 次月度比赛，将每次比赛成绩加总就可以形成一个区的长周期绩效成绩，然后再以此成绩为基础进行长期绩效排名。同样，对于街道、乡镇也是如此，每个街道、乡镇在每个月的比赛中会获得 1 ～ 10 分的成绩，28 次比赛可以

获得总体比赛成绩。之所以关注长期绩效，主要是由于接诉即办是一个没有终点的长期比赛，长期主义视角对于绩效改善会有很大帮助。

3. 基于月度排名标准化得分，对各个区、街道、乡镇的纵向和横向绩效进行比较，形成对治理主体的绩效评估

有了每个月的月度排名标准化得分，就可以对每个区、街道、乡镇的各个时期进行有效切割，从而衡量不同治理主体的贡献。例如，某个街道、乡镇过去 24 个月的得分为 48 分，意味着该街道或乡镇基本上长期处于后 20% 序列，这构成了这个街道、乡镇接诉即办的基准绩效。如果该街道或乡镇更换领导者，实现了 36 个月的得分为 80 分，意味着该街道实现了从后 20% 向后 20% ～ 30% 区间迈进，绩效有所提升。一旦计算每个月的标准分之后，不同区、街道、乡镇不仅可以对每个月的增量进行比较，还可以对历史绩效进行比较。这样也可以使得不同治理主体有更好的心态，以长期主义视角做好接诉即办工作。

更为重要的是，通过月度排名标准化，以标准化得分作为每个月得分，用每个月得分计算长期得分，会使得“绩效信息符号化”，更有利于激励各级政府、部门、街道、乡镇从事接诉即办工作。由于是标准化信息，这使得不同治理主体在获得排名的同时，更加关注其处于哪一个等级，从而能够更好地找到努力方向。此外，由于得分比较简洁直观，可以直接传递更多信息。例如，一个街道或乡镇过去 20 个月得分 182 分，那么我们就可以推断出这个街道或乡镇的排名长期处于前 10% ～ 20%。

三、区、街道、乡镇长期绩效考评的主要发现

通过上面的月度排名标准化得分和接诉即办长期绩效得分方法，我们可以基于 2019 年和 2020 年两年的接诉即办月度排名，对各区、街道、乡镇长期绩效进行考评，以计算它们的长期绩效得分，并以此为基础对长期绩效进行排名。在上述优化思路和方法的基础之上，结合接诉即办 2019 年和 2020 年两年数据[①]，得出如下发现：

① 在区的层面有 24 个月的数据，在街道、乡镇的层面因 2019 年 1 月的数据未公布，只有 23 个月的数据。

第一，大兴区、怀柔区、石景山区、东城区处于前4名，但只有大兴区在所有24期排名中均接近前25%的位置；密云区、房山区、通州区、昌平区处于后4名，并且长期处于后50%的位置（见表8-1）。从表8-1可以看出，大兴区得分最高，为92分，这意味着大兴区至少有22次处于前25%的行列，但是仍然有2次位于前25%的行列之外。大兴区、怀柔区、石景山区、东城区的得分都达到了72分及以上，这意味着它们每次都处于前50%的序列。相反，密云区、房山区、通州区、昌平区等4个区的得分均不超过48分，这意味着这些区长期处于后50%的序列。

表8-1 各区接诉即办绩效标准化赋值及排名

区	2019综合成绩赋值总分	2020综合成绩赋值总分	两年综合成绩赋值总分（满分96）	排名
大兴区	46	46	92	1
怀柔区	38	44	82	2
石景山区	38	35	73	3
东城区	35	37	72	4
海淀区	40	29	69	5
顺义区	32	36	68	6
西城区	33	29	62	7
丰台区	28	32	60	8
门头沟区	33	27	60	9
延庆区	21	35	56	10
平谷区	23	33	56	11
朝阳区	32	23	55	12
密云区	23	20	43	13
房山区	18	22	40	14
通州区	20	17	37	15
昌平区	20	16	36	16

第二，大兴区、怀柔区、石景山区、东城区、顺义区等几个区近两年成绩比较稳定，波动不大。其中大兴区两年均排第一，怀柔区、石景山区、东城区、顺义区等几个区得分波动在6分以内，而且都至少达到了30分，这意味着至少有8次左右处于50%～75%序列，并且基本稳定处于前面的位置。这也说明，在接诉即办中，一些长期绩效优异的区开始显现，不过这只是两年的数据，未来还需要

进一步观察。

第三，怀柔区、东城区、顺义区、丰台区、延庆区、平谷区等几个区接诉即办绩效有所进步，而门头沟区、海淀区、西城区、朝阳区等几个区退步较大。怀柔区在保持 2019 年领先位置的同时，2020 年继续有很大改善，已经接近大兴区水平。延庆区、平谷区等两个区提高了至少 10 分，绩效提升很快。海淀区和朝阳区则退步较快，有 10 分左右的下降。

第四，根据绩效排名标准化的思路，我们对有效回访量也进行了标准化处理，研究发现朝阳区、海淀区、丰台区、顺义区等 4 个区的有效回访量最多，门头沟区、怀柔区、石景山区、延庆区等 4 个区的有效回访量最少（见表 8-2）。一般而言，有效回访量与诉求量呈现正相关性，有效回访量越多，说明诉求量越多，相反，有效回访量越少，说明诉求量越少。从回访诉求量看，大部分区基本比较稳定，其他波动较大的区中，昌平区、通州区和平谷区有所下降，顺义区和门头沟区有所上升。

表 8-2　各区接诉即办回访量标准化赋值及排名

区	2019有效回访量赋值加总	2020有效回访量赋值加总	两年有效回访量赋值总分（满分96）	排名
朝阳区	48	48	96	1
海淀区	45	48	93	2
丰台区	43	48	91	3
顺义区	34	45	79	4
昌平区	43	35	78	5
通州区	43	30	73	6
房山区	35	34	69	7
大兴区	30	35	65	8
西城区	30	28	58	9
东城区	28	25	53	10
平谷区	28	18	46	11
密云区	23	20	43	12
门头沟区	12	24	36	13
怀柔区	14	17	31	14
石景山区	12	13	25	15
延庆区	12	12	24	16

第五，基于有效回访量和绩效排名，我们发现怀柔区、石景山区、东城区、西城区开始迈入绩效排名高和诉求量低的阶段，而朝阳区、通州区、昌平区、房山区则处于绩效排名低和诉求量高的阶段，大兴区、海淀区、顺义区、丰台区则处于诉求量高、绩效排名高的阶段，而门头沟区、密云区、延庆区、平谷区处于绩效排名低和诉求量低的阶段（见表 8-3）。不过目前对于诉求量的统计主要是基于有效回访量，没有严格按照诉求总量进行万人诉求量的分析，未来可以进行这些方面的研究，以获得更为精细化的数据。

表 8-3　有效回访量和绩效排名交叉分类

诉求量	绩效排名低（后50%）	绩效排名高（前50%）
诉求量高（前50%）	朝阳区、通州区、昌平区、房山区	大兴区、海淀区、顺义区、丰台区
诉求量低（后50%）	门头沟区、密云区、延庆区、平谷区	怀柔区、石景山区、东城区、西城区

第六，我们还发现长期处于前 10% ～ 20% 的“九星”街道、乡镇只有天竺镇、亦庄镇和宝山镇等 3 个街道或乡镇，目前还没有“十星”街道、乡镇，而长期处于 20% ～ 30% 的“八星”街道、乡镇也只有杨宋镇、儒林街道、北务镇等 13 个街道、乡镇（见表 8-4）。深入研究这些街道、乡镇绩效能够长期位于前列的原因，可以进一步发现做好接诉即办工作的机理和诀窍。

表 8-4　2019—2020 年“八星”和“九星”街道、乡镇

街道、乡镇	两年赋值分数加总（满分230）	赋值加总排名
（顺）天竺镇	214	1
（大）亦庄镇	208	2
（怀）宝山镇	207	3
（怀）杨宋镇	200	4
（延）儒林街道	198	5
（顺）北务镇	197	6
（平）滨河街道	196	7
（房）大安山乡	194	8
（海）清华园街道	194	8
（石）广宁街道	192	10

续表

街道、乡镇	两年赋值分数加总（满分230）	赋值加总排名
（怀）桥梓镇	187	11
（大）林校路街道	186	12
（延）百泉街道	186	12
（怀）长哨营满族乡	186	12
（石）八角街道	184	15

第七，我们发现琉璃河镇、沙河镇、天通苑南街道、常营地区、来广营地区、永顺镇、大峪街道、十三陵镇、龙泽园街道等 9 个街道、乡镇长期处于后 30% 的位置（见表 8-5）。这些街道、乡镇 23 次月度评价的总得分处于 69 分以下，这意味着每月平均分处于 3 分以下，这是长期绩效水平低下的表现。这些街道、乡镇中位于昌平区的比较多，这与昌平区在接诉即办的绩效排名中整体靠后有内在一致性。对于这些街道、乡镇的有效治理，应该成为北京市下一步的工作重点。

表 8-5　2019—2020 年排名后 30% 的街道、乡镇

街道、乡镇	两年赋值分数加总（满分230）	赋值加总排名
（房）琉璃河镇	68	325
（昌）沙河镇	68	325
（昌）天通苑南街道	66	327
（朝）常营地区	66	327
（朝）来广营地区	64	329
（通）永顺镇	64	329
（门）大峪街道	63	331
（昌）十三陵镇	61	332
（昌）龙泽园街道	46	333

四、补齐接诉即办区域治理短板的几点建议

由于篇幅所限，我们没能对街道、乡镇的长期绩效排名进行更为深入的分析。整体而言，长期绩效分析对于改进区域治理的优势初步显现。通过上面的分析，对于优化接诉即办考评机制，补齐接诉即办区域治理短板，可以形成如下几条建议：

第一，研究接诉即办长期绩效评价问题，将长期绩效评价纳入考评机制，形成更为完整的绩效评价体系。根据我们的分析，未来可以实现年度评价的“双轨制”，引入长期绩效评价，以引导区、部门、街道、乡镇的长期行为，将接诉即办与首都治理体系和治理能力现代化有机结合。所谓的年度绩效评价“双轨制”，主要是指在维持原来的评价方法的同时，可以采取月度排名标准化的方法，以月度排名标准化的成绩来计算年度成绩和排名。

第二，对于接诉即办长期名列前茅的区域和长期绩效较低的区域，开展有针对性的研究、实验和干预，补齐接诉即办区域治理短板。目前，无论是区级层面，还是街道、乡镇层面，都存在一些绩效长期落后的区域，对这些区域要开展针对性治理行动，以提升当地民众的满意度。与此同时，还可以对接诉即办最佳实践区域开展研究，寻找接诉即办有效治理的主要路径、做法和手段，以便提升整体治理水平。

第三，开展“十星”“九星”“八星”街道、乡镇的认定和创建活动，对于较好的街道、乡镇给予直接激励。根据近两年的数据，目前还没有“十星”街道、乡镇，未来也可能只创建“九星”和“八星”街道、乡镇。为此，有必要对接诉即办长期绩效表现好的街道、乡镇，给予“九星”和“八星”认定，并且划定一定的时间范围。

第四，对接诉即办绩效排名较低的区域开展专项整治，通过加强干部交流、培训、赋能等方式来提升整体水平。可以考虑在同一个区域，或者不同区域内实现干部交流，将接诉即办绩效比较好的区域的干部调入接诉即办绩效相对差的区域，实现知识、方法和手段的扩散，从而提升接诉即办的整体水平。

第九章
“主动治理、未诉先办”的核心要义

2021年北京市接诉即办改革开启“每月一题”活动，提出了12类主题和27个高频难点民生问题，针对居民诉求中的共性问题进行系统求解，并从体制机制上为解决难题提供保障，这标志着北京全面从被动回应诉求向“主动治理、未诉先办”转型，接诉即办也正式进入2.0时代。事实上，在2019年刚启动接诉即办改革时，北京市委、市政府就非常重视将“有一办一”、“举一反三”和共性问题的主动治理相结合。正是早期的探索为接诉即办改革的系统转型提供了可借鉴的经验。如果说2021年之前的“主动治理、未诉先办”只是观念意识、局部试点和个别摸索，那么2021年就是“主动治理、未诉先办”全面深化的起始年。北京市正在探索能够同时实现降低诉求量和提升接诉即办水平的改革路径，这也是接诉即办向首都治理体系和治理能力现代化靠拢的有益尝试。接诉即办改革不断进行系统迭代，也就保持了其旺盛的生命力、持久力和创造力。

“主动治理、未诉先办”始于居民诉求，又要超越居民诉求，其核心是多层次治理主体在党的领导之下通过对话、协商、谈判、信任、合作和共同行动，推动解决超大城市治理中的民生难题，提高人民获得感、幸福感和安全感的公共价值创造过程，其本质是实现以人民为中心的超大城市治理创新。结合北京市委、市政府、市直部门，各区委、区政府、街道、乡镇的治理实践，我们认为可以从五个维度来理解“主动治理、未诉先办”的核心要义，即：（1）从系统维度看，“主动治理、未诉先办”的核心是通过建构共性问题实现专项治理；（2）从空间维度看，“主动治理、未诉先办”的核心是通过探究区域问题实现综合治理；（3）从时间维度看，“主动治理、未诉先办”的核心是通过预测周期问题实现前瞻治理；（4）从变化维度看，“主动治理、未诉先办”的核心是通过监测问题症状实现源头治理；（5）从互动维度看，“主动治理、未诉先办”的核心是通过征集问题线索实现共同治理。

一、主观谋划和客观事物运行规律相互作用的产物

“主动治理、未诉先办”既非凭空设想出来的，又非可一蹴而就的，它是主观谋划和客观事物运行规律相互作用的产物，是“慢慢生长”和水到渠成的结果。事实上，在2019年1月29日举行的接诉即办改革以来的首次区委书记月度工作点评会上，市委书记蔡奇就提出：“坚持市民的诉求就是哨声，闻风而动、接诉即办，真正做到民有所呼、我有所应。工作中，既要就事论事，有一件办一件，又要举一反三，从中梳理出一些共性问题，专项解决。”这意味着，在接诉即办改革初期，北京市委就认识到，在解决市民诉求的同时，应该寻找共性问题进行专项解决，以提升治理效率。随后，在2019年4月29日举行的区委书记月度工作点评会上，蔡奇书记再次提出：“接诉即办要与主动治理结合起来，善于抓住共性问题进行专项治理。”我们通过对网上报道进行整理，发现“未诉先办”一词首先出现于2019年7月1日《北京青年报》记者有关接诉即办的蹲点报道中。该报道强调，要从“有一办一”上升到“举一反三”，再深化到“未诉先办”。“主动治理、未诉先办”作为一个官方用语首次整体出现则是在2019年10月12日。蔡奇书记到密云区、平谷区调研指导第二批“不忘初心、牢记使命”主题教育时，强调“要围绕满足人民群众‘七有’‘五性’需求和反映强烈、意见集中的问题，强化主动治理、未诉先办”，这意味着“主动治理、未诉先办”正式进入官方议程。在2020年10月30日举行的区委书记月度工作点评会上，蔡奇书记明确提出：“抓治理，由办理向治理转变，不仅要有一办一，更要主动治理、未诉先办。”这也使得“主动治理、未诉先办”成为深化接诉即办改革的重要内容。

“主动治理、未诉先办”和接诉即办之间到底是什么关系？一旦市民提出诉求，政府可以回应，也可以不回应，回应诉求代表了一种进步。对于政府对民众的回应，我们可以进一步将其区分为主动回应和被动回应，接诉即办改革就代表了政府主动回应市民诉求的努力。我们可以从诉求与回应两个维度出发，将诉求分为提出诉求和不提出诉求，将回应分为被动回应和主动回应，这样就形成了关于诉求与回应的四种治理模式（见表9-1）。与接诉即办相比，“主动治理、未诉先办”分别从两个方面对接诉即办改革进行了优化：一方面，它强调政府要从被动回应市民诉求向主动回应市民诉求转变；另一方面，它更强调政府要从回应市民已提出的诉求向注重回应可能存在的诉求或共有诉求转变。当然，“主动治理、未诉先办”对治理主体提出了更高的要求，它强调治理要更具有系统性、前瞻性和

综合性，这也是对首都治理体系和治理能力现代化水平的有效检验。

表 9-1 诉求回应的治理模式

诉求	回应	
	被动	主动
提出	接诉即办	主动治理
不提出	不诉不办	未诉先办

尽管“主动治理、未诉先办”与接诉即办存在一定的差异，但目的都是回应民众诉求，促进问题解决，提升民众的获得感、幸福感和安全感。正是采取主动的回应方式，以及在诉求出现之前进行回应，使得“主动治理、未诉先办”成为更高阶的治理模式。从接诉即办到“主动治理、未诉先办”，是治理主体学习提升治理能力和治理水平的过程，也符合事物运行规律。事实上，一旦“主动治理、未诉先办”得以实现，接诉即办的数量就会下降，这样也有利于政府更好地处理民众的诉求。

北京市在 2019 年推行接诉即办改革时，就树立了主动治理的思想。但是，从树立思想到全面行动则经历了两年的发展，这其中既有新冠肺炎疫情防控对于既有事物运行规律的打断，也有对“主动治理、未诉先办”进行认知探索和路径选择的过程。对于“主动治理、未诉先办”的认知选择，在某种程度上决定了其治理选择、路径选择和行动选择。由于“主动治理、未诉先办”是新生事物，其贯彻实施没有现成理论可以提供指导，需要我们基于实践进行理论建构。值得庆幸的是，北京市各级政府、市直部门、街道和乡镇都进行了一系列“主动治理、未诉先办”的实践探索和治理实验，这为我们厘清背后的理论逻辑和内在原理提供了丰富的资源。接下来，我们将结合北京市在“主动治理、未诉先办”方面的治理实践，从系统维度、空间维度、时间维度、变化维度和互动维度等五个方面讨论“主动治理、未诉先办”的核心要义，这将为北京市深化“主动治理、未诉先办”改革提供理论指引。

二、建构共性问题，实现专项治理

从系统维度看，“主动治理、未诉先办”的核心是通过建构共性问题实现专项治理。既要见树木，又要见森林。建构共性问题及实现专项治理是“主动治理、未诉先办”的首要含义，也是深化接诉即办改革的直接举措。市民对政府的诉求是一个个具体问题，当很多具体问题被反映给治理主体时，治理主体可能会针对这些不同的问题寻找它们之间的联系，而寻找联系的过程就是建构共性问题的过程，它涉及创造性活动。如果说一个个具体问题是要素，那么共性问题就是系统，具体问题与共性问题之间的关系就是要素与系统之间的关系。通过对共性问题进行专项治理，就可以起到四两拨千斤的作用。

建构共性问题是人类认知问题的主要方式之一，它本身也是问题分类和诉求统计分析的过程。人类认识具有有限性，这使得人类不能同时处理所有信息，当信息超过一定量时，人类认识就会“超载”从而陷入瘫痪状态。为了获得对事物的认识，人类发明了一种简化认识过程的机制，即通过分类来认识事物。分类机制的建立，使得人类实现了从定量认识向定性认识的转变，并掌握了定量认识和定性认识相结合的方法。事实上，北京市为了对市民诉求进行统计，建立了针对问题的分类框架，大的问题分类框架之下还有细分分类框架，通过分类框架对个体问题进行归纳、简化、提炼，就可以实现共性问题的建构。例如，2021 年 1 月北京市发布的《2020 年北京市“接诉即办”改革工作年度报告》显示，2020 年群众来电中排在前十位的问题有疫情防控、市场管理、公共服务、住房、医疗卫生、城乡建设、交通管理、社会秩序、劳动和社会保障、教育等。事实上，疫情防控、市场管理等 10 类问题的划分方式就是一个问题分类框架，以此问题分类框架为基础，就可以简化信息从而提升认识水平，让我们及时掌握当前首都治理面临的主要问题和挑战，这也是建构共性问题的过程。北京市在对接诉即办工作进行考核时，还专门建立了针对“七有”“五性”的考核指标。“七有”“五性”从本质上看也是一种问题分类框架和共性问题建构。当然，“七有”“五性”是以人民为中心的体现，是从人民出发来建构共性问题的尝试。

“主动治理、未诉先办”需要各级、各类治理主体发挥积极性和主动性，分别建构自身所面临的共性问题并及时进行专项治理。尽管接诉即办改革对诉求进行了集中统一的收集，但是回应诉求和解决问题的工作仍然需要依靠各级、各类治理主体开展，它们需要根据居民诉求情况来寻找它们自身面临的共性治理难题。从这个意义上看，接诉即办改革是对不同层次和类型治理主体的“城市考验”，居民诉求提供了不同类型治理主体进行自我改进的诱因。事实上，在接诉即办改革初期，北京市就发现了物业管理是市民反映问题比较集中的领域，为此，北京市专门针对物业管理出台条例，采取一系列措施来治理好“关键小事”。除了北京市委、市政府要进行共性问题建构之外，区委、区政府、街道、乡镇、市直部门、国有企业等也需要通过接诉即办数据寻找共性问题，有针对性地开展各自职责范围内的事项治理。例如，西城区社保部门针对市民诉求，发现共性问题，采取“主动治理、未诉先办”，在诉求办理、提升社保治理体系和治理能力现代化水平方面就取得了较好成绩。

2021 年 1 月开始的“每月一题”既是北京市委、市政府从全市层次建构共性问题和实施专项治理的具体机制，也是北京市接诉即办改革全面向“主动治理、未诉先办”转型的标志，还是接诉即办进入 2.0 时代的标志性事件。为了让“每月一题”切实发挥作用，北京市已经建立了全年部署、落实责任、高位推动、督查督办等工作机制，并且已经取得良好效果。到 2021 年 7 月为止，北京市先后对房产证办理难、无牌照电动三四轮车管理、房屋使用、老旧小区改造项目推进难、小区充电桩安装难、垃圾清运不及时、街头游商占道经营等主要问题进行了治理，取得了一定成效。“每月一题”是对民众诉求的系统建构，有助于实现既见树木又见森林，以小见大，见微知著；“每月一题”是为基层减负的具体举措，有助于实现自上而下治理和自下而上治理的有机统一；“每月一题”是对棘手难题的协同治理，有助于实现跨部门、跨层次、跨系统协同来应对复杂问题对治理的挑战；“每月一题”是对首都治理能力的大考，有助于实现对系统治理水平的有效检验。

三、探究区域问题，实现综合治理

从空间维度看，“主动治理、未诉先办”的核心是通过探究区域问题实现综合治理。“主动治理、未诉先办”最终都需要从已经出现的和已知的问题去推测没有出现的潜在问题，并提前采取应对措施，这本身是一个推理过程。从具体问题寻找共性问题是一种推理方法，而从问题在空间中的聚集情况来探究区域问题则是另一种推理方法，这两种推理方法的共性是从具体问题推理一般性问题，而区别则在于推理逻辑不同：寻找共性问题从问题本身属性出发，遵循系统逻辑；而探究区域问题则是从问题聚集的空间出发，遵循空间逻辑。事实上，北京市在推行接诉即办改革时，一方面十分注重对区、街道、乡镇进行排名，另一方面也特别关注诉求集中的街道、乡镇，这些都是基于空间逻辑的考虑。其中，诉求集中的区域直接与空间逻辑相联系，它要求治理主体识别哪些是区域治理的难题和短板。一般而言，共性问题可能是跨区域的，而区域问题中则可能聚集着不同类型的共性问题，这类似条和块之间的关系。

从空间维度探究区域问题，存在不同尺度。对于北京市接诉即办改革实践而言，至少存在社区、街道和乡镇、区等三个不同尺度。当前，北京市主要对街道和乡镇以及区进行排名，这说明这两个空间尺度受到关注。诉求量比较大的街道和乡镇以及区可能是问题区域，需要进行重点治理；相反，诉求量小且绩效排名靠前的区域可能就是理想类型的区域，它们提前实现了“主动治理、未诉先办”的预期目标。而街道和乡镇的诉求又会集中呈现在社区层面，这样我们可以以社区为空间基础来应对接诉即办改革所面临的治理挑战。例如，通过对接诉即办数据的分析，发现老旧小区的诉求量更大一些，这样老旧小区可以作为一个需要重点关注的治理空间。事实上，北京市也认识到老旧小区居民的诉求量大，并基于诉求数据分析开启了老旧小区改造和更新计划，这是从空间维度实施“主动治理、未诉先办”的典型。未来，北京市可以进一步针对不同社区属性，讨论不同社区所面临的问题数量、类型和难度，找出北京市面临棘手问题最多的社区，采取针对性措施进行有效应对，提升社区治理水平。除了社区、街道和乡镇这两个尺度内部的问题之外，还可能存在跨社区、跨街道和乡镇的问题，昌平区的回龙观、天通苑地区（即“回天地区”）就是存在这种跨区域问题的典型地区。为此，北京市于 2018 年发布了《优化提升回龙观天通苑地区公共服务和基础设施三年行动计划（2018—2020 年）》，以促进区域问题的解决。应该说，“回天有我”行动就是在跨区域层面实施“主动治理、未诉先办”的有益尝试，目前看取得了一定成效。此外，我们也可以将区域尺度进一步缩小，在社区尺度以下建立小区、楼门尺度，分析和识别问题多的小区和楼门，从而采取针对性行动。

区域问题是空间和问题的聚合，这也意味着北京可能基于空间逻辑对接诉即办改革所面临的区域问题进行不断整合，从而提升区域治理水平。核心区、中心城区、平原新区、副中心、郊区等都是根据功能对空间进行定义的，北京可以再结合接诉即办的问题情境，分别分析不同类型区域在接诉即办改革方面面临的问题和挑战，寻找不同类型区域问题的解决路径，这也是首都治理体系和治理能力现代化的内在要求。事实上，当前北京市的接诉即办改革也涌现了一批区域治理的领头羊，例如西城区、石景山区、大兴区、怀柔区等都取得了较好绩效。这意味着，北京市需要分别在社区、跨社区、街道和乡镇、跨街道和乡镇、区等不同空间尺度上识别、诊断和解决区域问题，以弥补区域治理短板，实现区域治理的平衡发展。

与针对共性问题已经设立了“每月一题”机制相比，北京市从空间维度实施“主动治理、未诉先办”还处于探索之中，需要找到更多行动路径。无论是采取什么样的行动路径，识别问题区域是第一步，也是最重要的一步，这既需要遵循传统的区域和空间概念，也需要发挥我们的想象力，进行区域空间创造，探索通过区域空间创造与整合来解决问题的路径。在对问题区域进行治理的过程中，激励、惩罚和信息发布等机制同等重要。当前对问题区域的治理，主要采取了信息披露机制，以及将问题区域治理绩效与干部考核及晋升挂钩的机制，这些机制起到了一定作用。未来，可以通过设立“十星”乡镇、街道、社区等进行正面鼓励，类似于文明城市创建活动，通过树立典型来寻找区域治理的典范。

四、预测周期问题，实现前瞻治理

从时间维度看，“主动治理、未诉先办”的核心是通过预测周期问题实现前瞻治理。《周易·系辞》有云：“天下何思何虑？日往则月来，月往则日来，日月相推而明生焉。寒往则暑来，暑往则寒来，寒暑相推而岁成焉。”这是古人对自然规律的把握，而自然规律背后是时间周期，四季更替，万物生长，天道运行。除了将问题置于系统和空间维度上考虑之外，要实现“主动治理、未诉先办”，还需要将问题置于时间维度上考察，讨论问题出现的时间周期和问题在时间轴上的分布。事实上，北京市各级治理主体根据中医思想提出的“冬病夏治”“夏病冬治”等治理思路，就是从时间维度推动“主动治理、未诉先办”的体现。时间同样是治国理政需要考虑的重要维度，这一点中国古人很早就认识到了，如孔子提出：“节用而爱人，使民以时。”北京市通过对 2019 年和 2020 年接诉即办工作中的市民诉求的系统收集，利用民生大数据，可以更好地掌握首都治理在时间上的运行规律，以时间规律为基础进行前瞻治理，从而达到“主动治理、未诉先办”的目的。

预测问题发生的时间周期并提前采取行动，这是从时间维度推进“主动治理、未诉先办”的第一层含义。有些问题每天都有可能发生，有些问题则周期性出现。前者如物业管理问题、市场监管问题、道路交通问题、垃圾分类问题等，后者如供暖问题、入学问题、防洪问题等。对于周期性出现的问题就可以进行前瞻治理。以供暖问题为例，北京市基于 2019 年供暖诉求数据，在 2020 年提前针对可能出现的问题进行检修和维护，使得 2020 年整个供暖季供热实现了平稳运行，诉求量大大降低。而根据 2020 年供暖季中积累的诉求数据，可以通过分析不同类型的诉求发现存在的问题，从而在2021年供暖季来临之前提前进行维护，以此类推，这样就会逐渐减少市民针对供暖问题的诉求，从而提升北京市供暖问题治理水平。除了供暖问题外，子女入学也是一个周期性问题。对于西城区、海淀区等教育大区，可以在每年9月入学季之前，提前做好当年谋划，做好各方面工作，减少市民对相关教育问题的诉求。又如2021年五一假期，北京西站滞留旅客很多，那么就可以把假期出行作为一个周期性问题进行研判并采取针对性措施，提升市民出行的便利性和安全性。下一步，北京市可以基于2019年和2020年的运行数据，对城市治理中的周期性问题进行列举和梳理，让治理主体形成预期，提前谋划并采取针对性措施。

预测问题在时间轴上的分布并以此为基础进行注意力分配，这是从时间维度推进“主动治理、未诉先办”的第二层含义。即便是一些每时每刻都有可能发生的问题，它们仍然会存在时间分布的差异。例如，犯罪率在不同时间的分布是不一样的，有些时间犯罪率高，有些时间犯罪率低。同样，居民对于民生问题的诉求也会存在时间分布差异，北京市可以基于2019年和2020年的数据，按照时间顺序总结不同月份市民的重点诉求，并将这些预测推送给相关治理主体，便于其进行前瞻治理。这意味着，治理主体需要基于问题的时间轴分布来进行资源配置，将治理资源、治理问题、时间分布三者有机匹配，通过提升注意力分配效率来提升问题解决效率。此外，还可以针对不同季节梳理出一些高频问题和共性问题，制订一些问题应对指引，类似疫情防控指引，帮助治理主体提升应对不同问题的能力。时间维度本身也可以和空间维度相结合，为不同区、街道和乡镇、社区等描绘时间维度的问题画像，形成一个时间和空间一体化的问题解决指引，从而提升前瞻治理能力和水平。

与从空间维度推动“主动治理、未诉先办”一样，从时间维度实施“主动治理、未诉先办”也需要发挥各级各类治理主体的主动性和积极性，需要其形成自己的问题周期和问题时间轴清单，并依据这些清单在问题产生之前进行前瞻治理。无论是问题周期的研判，还是问题时间轴分布的分析，都是希望从过去已经发生的事情推理和推测未来可能发生的事情，这是基于时间因果推理的治理。只要推理与实际发生的契合度足够高，就有可能实现“主动治理、未诉先办”。从这个意义上看，时间维度上的“主动治理、未诉先办”与风险治理在逻辑上具有内在一致性，只是风险治理是针对风险的预测，而“主动治理、未诉先办”则是针对常规问题的预测。

五、监测问题症状，实现源头治理

从变化维度看，“主动治理、未诉先办”的核心是通过监测问题症状实现源头治理。老子有云：“图难于其易，为大于其细。天下难事，必作于易；天下大事，必作于细。”这是老子对事物变化规律的描述和总结，这意味着可以通过做好容易的事情和小的事情，来避免困难的事情发生并取得大的成就。正是基于对事物变化规律的把握，老子提出了应对策略，他认为：“为之于未有，治之于未乱。合抱之木，生于毫末；九层之台，起于累土；千里之行，始于足下。”从这个意义上看，“主动治理、未诉先办”与老子对于治理的想象具有高度契合性。与此同时，老子也从变化维度给“主动治理、未诉先办”提供了思想和理论借鉴。从变化维度看“主动治理、未诉先办”，至少可以在加强对城市运行状态的监测和加强基层治理能力建设两个方面进行探索，使得问题在萌芽状态得到解决，避免其成为民众的诉求内容，这也是源头治理的应有之义。

加强对城市运行状态的监测，及时将处于萌芽状态的问题解决，避免社会状态出现问题，避免小问题演变为大问题、大问题转化为市民诉求。这意味着城市治理主体需要发展有效的城市感知体系，具备很强的问题监测和识别能力，能够在出现问题前及时预警并采取有针对性的措施。大兴区就最先将城市管理指挥中心和接诉即办调度指挥中心融合，实现了市民诉求和主动发现相互促进，从而达到“主动治理、未诉先办”的目的。当前，北京市各个区都将城管队伍和接诉即办调度指挥中心整合，形成了一个主动发现和被动接受诉求相结合的平台型组织，为实现从接诉即办向“主动治理、未诉先办”转型提供了组织基础。一个政府和组织主动发现的问题越多，诉求量降低的可能性越大，从某种程度上看，“主动治理、未诉先办”和接诉即办是此消彼长的关系，这也是源头治理的基本内涵。除了将城管部门和接诉即办部门进行整合之外，各级城市治理主体还可以通过推进智慧城市建设提升城市治理的人工智能水平，实现城市运行问题的自动感知、自动处理和自动反馈，这样也可以起到降低诉求量的效果。

加强基层治理能力建设也是提前感知和发现问题，实现“主动治理、未诉先办”的重要手段。基层是国家治理的基石，这是对基层作用的最好表述。一般而言，处于萌芽状态的问题大多在基层，如果基层治理主体能够第一时间处理问题，这些小问题就不会发展为大问题。正是在这个意义上，北京市接诉即办改革非常重视到基层一线解决问题，并且十分注重解决“看得见的管不着”和“管得着的看不见”两者之间的矛盾，实现资源、能力和治理之间的有效匹配。为此，北京市出台了《北京市街道办事处条例》，该条例的主要目的是对街道进行赋权、明责和增能，以提升其问题解决能力和水平。“吹哨报到”机制则是推动街道办事处提升问题解决能力的具体举措，也是条块融合的实现途径。从这个意义上看，接诉即办是对基层治理能力的大考，反过来，通过推动基层治理体系和治理能力现代化，也可为“主动治理、未诉先办”提供治理保障。

从变化维度理解“主动治理、未诉先办”，它是一个持续不断提升和改进的过程。简言之，“主动治理、未诉先办”不可能毕其功于一役，它是一项长期性、基础性、持续性的任务，并且不能须臾放松，只有起点，没有终点。这也使得各级治理主体需要将“主动治理、未诉先办”作为一项长期事业来实施，即便取得一定成效也不能骄傲自满，需要不断提升自身主动发现问题、回应诉求和解决问题的能力。

六、征集问题线索，实现共同治理

从互动维度看，“主动治理、未诉先办”的核心是通过征集问题线索实现共同治理。老子有云：“圣人无常心，以百姓心为心。”这意味着，“主动治理、未诉先办”最终还是要从民众需求出发，主动收集民情和民意，将治理建立在民心基础之上，让民众从公共物品或服务的被动接受者向公共物品或服务的主动参与者和合作生产者转变，这样民众才有可能将诉求转化为共同行动的力量。正如汉朝王充所言：“知屋漏者在宇下，知政失者在草野。”因此，“主动治理、未诉先办”要求治理主体注重从民众中征集问题线索，与民众一道促进问题解决，避免问题演化为诉求。要更全面、准确地征集问题线索，“主动治理、未诉先办”至少可以在两个方面进行探索，即走好新时代群众路线和建构治理主体与民众之间的互动平台。

“主动治理、未诉先办”仍然需要走好新时代群众路线，通过加强与民众之间的互动，了解民众对治理的态度、意见和建议。接诉即办是治理主体被动接受意见，而民意征集则是治理主体主动虚心听取民众建议，关口前移有利于避免后续问题产生。例如，房山区拱辰街道南广阳城村的村民基本不通过 12345 市民服务热线反映问题，这是因为村两委主动收集民意民情，使得很多问题在社区层面就能得到解决。对于政府而言，村两委是在践行“不诉自办”；而对于村民而言，村两委就是在践行“主动治理、未诉先办”。因此，只有真正地了解群众所思、所想和所盼，才能够解民忧和为民办实事。治理主体和民众互动的过程与党的群众路线具有内在契合性，它要求治理主体按照“一切为了群众，一切依靠群众，从群众中来，到群众中去”的思路，建构以人民为中心的治理过程，并最终提升民众的获得感、幸福感和安全感。

要实现良性互动，治理主体还需要搭建不同的互动平台，为问题线索征集、民众参与和共同行动创造可能性。治理主体和民众之间的互动需要依靠一定的平台和载体，并且尽可能以制度化方式呈现。此外，互联网、大数据、人工智能等新一代信息技术的发展，也使得技术可以在沟通协商互动平台的建构上发挥更大作用。事实上，建立不同治理主体直接与民众互动的平台，本身也是诉求回应从“长途机制”向“短途机制”转变的过程，能够促进问题的及时解决。从某种程度上看，12345 市民服务热线是一种问题线索征集的第三方渠道，它需要通过中间环节来连接诉求者和解决者；而直接建立治理主体与民众之间的互动平台则是一种双边机制，诉求者直接向问题解决者反映意见建议，并且与治理主体一同来解决问题。从理想状态来看，“长途机制”和“短途机制”应该同时并举，这样一方面可以让市民有更多的选择，另一方面也是一个相互竞争的过程，通过竞争机制让市民诉求最便利地得到表达。当前，很多社区都建立了自身与民众互动的平台，它们希望民众直接向自己反映意见和建议，以便第一时间给予关注和解决。从现实运行看，街道和社区互动平台的建立，客观上能够分流和减少部分诉求，这也是“主动治理、未诉先办”的有益尝试。

从互动维度理解“主动治理、未诉先办”，其核心仍然是人，做好群众工作仍然是重要方式手段，而协商、对话和沟通仍然是需要重视的内容。互动维度的引入，使得治理主体、民众和公共事务这三者之间的有机联系得以建立，本质上是从最根本和最基础的视角来回应“谁的问题，如何解决”这两个问题。互动维度也与前面的系统维度、时间维度、空间维度、变化维度等具有内在联系，只是互动维度将治理主体的主动性更加突显，强调从治理主体的视角出发去发现问题和解决问题。

第十章
“每月一题”的基本原理

从2019年开始，经过两年多的运行，北京市接诉即办改革取得了重大进展，响应率、解决率和满意率不断提升，人民群众的操心事、烦心事、揪心事得到了有效解决，“人民城市为人民”初见成效。要持续回应民众诉求，有效使用公共资源，实现接诉即办可持续发展，就需要在主动治理、未诉先办上下功夫。主动治理、未诉先办，就是要从解决一个问题向解决一类问题转变，从解决不断升级为大问题和难问题的问题向解决处于萌芽状态的小问题和易问题转变，从解决具体的问题向解决产生问题的问题转变。通过这些转变，最终使得问题源减少，达到回应民众诉求与增强治理能力有机平衡，实现超大城市治理体系和治理能力现代化。

“每月一题”就是北京市委、市政府从高位推动“主动治理、未诉先办”的有效尝试，它通过2020年接诉即办的民生大数据发现了首都治理中的热点、难点、疑点和棘手问题，梳理出12类主题、27个问题，明确了分管领导和12个主责部门，试图找到解决每一类问题的体制机制，从而将“主动治理、未诉先办”从构想转化为行动。为了让“每月一题”切实发挥成效，北京市已经建立了顶层设计、组织领导、全年部署、落实责任、高位推动、督查督办等工作机制，并且已经取得良好效果。

“每月一题”之所以能够取得较好成效，关键是因为其既是接诉即办改革的深化，又是“主动治理、未诉先办”的重要抓手，是从问题解决通向首都治理体系和治理能力现代化的桥梁。“每月一题”推动首都治理体系和治理能力现代化的基本原理可以总结为如下三个方面：（1）“每月一题”是在接诉即办基础上的认知深化，实现了从个别到一般、从要素到系统、从具体到抽象、从实践到理性的升华，体现了对超大城市治理规律的有效把握；（2）“每月一题”还是问题解决的治理范式创新，是通过自上而下的注意力分配和驱动机制来推动跨部门、跨层次、跨系统协同应对复杂问题的治理创新，实现了棘手难题有效解决的治理界面重构；（3）“每月一题”实现了短期治理目标（问题解决和民众满意度提升）、中期治理目标（问题源减少和基层负担减轻）和长期治理目标（治理体系和治理能力现代化）的有机平衡。下一步，要提升“每月一题”的治理效能，可以在如下几个方面进行改革：（1）推动“每月一题”的数字化转型，建构“每月一题”的数字治理界面；（2）厘清“每月一题”的问题边界，形成“每月一题”的存量问题和增量问题框；（3）加大“每月一题”的信息公开力度，促进社会各界参与“每月一题”治理；（4）强化“每月一题”的第三方评估，获取“每月一题”的科学绩效数据；（5）丰富“每月一题”的披露数据，让“赛马效应”持续涌现。

一、“每月一题”的认知论基础

城市治理是问题解决的过程，城市治理水平取决于问题解决质量①。首先需要发现问题，然后才能够解决问题，发现问题和解决问题是问题解决不可分割的两个组成部分。对于城市治理而言，解决问题并非是问题等着决策者解决，发现问题本身是一个社会建构过程。这也意味着，发现问题越多，需要解决的问题越多。相反，如果不想解决问题，就可以减少问题发现的次数。发现问题和解决问题面临着一个平衡和取舍，一段时间内发现的问题过多，超过了解决问题的能力，就需要减少问题发现的次数。当然，问题不被发现也并非意味着问题不存在，相反，它可能酝酿更大的问题，使得问题解决难度加大。问题发现的程度是一种艺术，而把关涉“国之大者”的问题发现出来更是一种智慧。

“每月一题”作为接诉即办改革的深化，无论是在发现问题方面还是在解决问题方面，都进行了创新。从发现问题方面看，“每月一题”与接诉即办最大的差别是从被动发现问题向主动发现问题转变，它是在接诉即办过程中使用学习、理性、推理和概念化工具提升对问题认知的过程，本质上是对发现问题的认知革命。接诉即办把发现问题的权力交给民众，民众出题，政府答题，但仍然是事后回应性治理。“每月一题”则是在接诉即办的基础之上，针对民众诉求反映突出和强烈，并且解决起来有一定难题的问题，主动高位推动其解决。这意味着，政府重新获得了发现问题的权力，但是这个发现问题的过程并非政府拍脑袋想出来的，而是

① Newell A, Simon H A. Human problem solving[M]. Englewood Cliffs, NJ: Prentice-hall, 1972.

根据民众诉求推理出来的。例如，北京市发现很多市民反映房产证办理难，这使得政府重新将房产证办理作为主动治理的难题，全面系统地梳理北京目前还有多少住房没有办理房产证，并分析房产证难办的具体原因，这为寻找具体对策提供了可能性。正因为“每月一题”主动发现问题并促进问题解决，它才成为“主动治理、未诉先办”的主要实现机制之一。

“每月一题”是政府主动发现问题的过程，它也符合人类对事物和问题的认知规律。基于分类来认知世界是人类的一种主要认知机制。《易经》有云：“拔茅茹，以其汇。”这讲的就是拔出茅草，茅草与根相连着，这是因为它们本是同类，正所谓物以类聚。对于问题而言，人类也会有动力将一个个具体的问题划分为一类问题，从而提升自身认知问题的能力和水平。将具体问题归类为共性问题，可以节省人类自身的认知资源，这也是人类认识有限性的要求。“每月一题”就是要找出不同具体问题的共性，把对一个个具体问题的认识经过人类的建构转化为对一类问题的认识。例如，很多市民打电话反映房屋漏水，这些房屋大多是 30 多年前的房子，于是老旧小区治理就被建构成为共性问题，所有在老旧小区发生的具体问题都可以归为其子问题。一旦形成对一类问题的认知，人类就可以通过对共性问题的有效解决来减少具体问题，这样就不需要疲于应对具体问题而浪费治理资源。

从这个意义上看，人类治理水平取决于认知水平，城市治理受认知模型的影响。一个城市能否得到有效治理，关键取决于决策者对问题的建构，尤其是对共性问题的建构，是否与民众认为的城市治理问题相符合，是否与城市自身发展所面临的问题相符合。只有决策者的问题建构与民众需求、城市自身发展规律相符合，才能够实现公共物品与公共服务的供给与需求统一，从而最终提升城市治理水平和质量，使民众获得感得到提升。“每月一题”就是对北京城市治理中面临的问题的建构，这种建构过程是自上而下和自下而上相结合，从个别到一般、从实践到理性、从要素到系统的过程；建构的问题越是契合北京城市治理的难点、堵点、短板、弱项和不足，越能够推动首都治理体系和治理能力现代化的进程和水平。

基于 2020 年民生大数据，结合“七有”要求和“五性”目标，北京市 2021 年首次推出了包括 12 类主题和 27 个问题的“每月一题”框架。其中，12 类主题分别是无证“房”“车”、劳务和消费纠纷、城市环境、小区管理、教育、交通管理、市政、医疗服务、停车管理、养老、农村管理、房地产市场管理。在每一类主题之下，又包括 2 ～ 3 类问题。2021 年北京市“每月一题”聚焦的 27 个问题包括：房产证难办、无牌照电动三四轮车管理、拖欠工资、预付式消费退费难、网络消费纠纷、垃圾清运不及时、街头游商占道经营、房屋使用、老旧小区改造、小区充电桩安装难、普惠幼儿园入园、教育培训机构规范管理、交通噪声扰民、大货车交通安全、路灯问题、地下通道和市政涵洞设施维护、社区医院资源不足、医院医疗服务、小区周边道路停车资源不足和违章停车、共享单车乱停乱放、养老机构收费和服务、居家养老保障、农村宅基地、农村村民待遇、农村基础设施建设、房地产中介经营不规范、群租房问题。通过对“每月一题”的问题框和 2020 年民生大数据的比对，我们可以看出，北京市正是基于市民诉求多的前十类问题提出了有针对性的问题治理清单，实现了从解决一个问题向解决一类问题的转变，这也是从接诉即办向“主动治理、未诉先办”转变的过程。

二、“每月一题”是问题解决的治理范式创新

主动发现问题最终是为了解决问题，并且通过不断解决问题来减少问题源。当然，人类不可能彻底消灭问题，总是在与问题的抗争中前进。与接诉即办中的问题主要由各级各类治理主体解决相比，“每月一题”中的问题都是棘手难题，它们具有历史性、复杂性和系统性等特征，通常都属于“结构不良”的问题系统①。以房产证办理为例，其中通常都是历史遗留问题，涉及错综复杂的治理关系网络，要让居民获得办理房产证的资格，就需要多方治理主体共同合作来解决难题。与传统的问题解决范式相比，“每月一题”既需要解决当前面临的问题，又需要为解决当前面临的问题提供制度支撑，还需要避免未来产生类似问题。简而言之，“每月一题”是一个集解决问题、创新制度和预防问题为一体的问题解决范式，这三者有机统一、缺一不可、相互促进。经过半年多运行，“每月一题”正在形成组织领导、高位推动、机制驱动和注重实效的有效解决复杂棘手难题的治理界面，它是问题解决的治理范式创新。

“每月一题”形成了针对棘手难题的多层次嵌套的治理界面，实现了条块融合和多层次协同。棘手难题的一个特点是问题领域与治理单位不匹配，现有的治理单位不能够有效应对难题，需要不同治理单位之间实现连接和整合才能够破解难

① Simon H A. The structure of ill structured problems[J]. Artificial intelligence, 1973, 4(3-4): 181-201.

题。2021 年 2 月，接诉即办改革专项小组印发了《2021 年“接诉即办”“每月一题”推动解决重点民生诉求工作计划》（以下简称《工作计划》），建立了“每月一题”机制。《工作计划》构成了“每月一题”的顶层设计，也是“每月一题”形成多层次嵌套治理界面的制度保障。一方面，接诉即办改革专项小组对“每月一题”起着高位统筹和整体协调作用，它可以对所有问题进行总体把握；另一方面，由 12 个主责部门和 54 个配合部门组成的“每月一题”治理主体系统，为“每月一题”明确责任奠定了基础。此外，《工作计划》还明确了市委督查室和市政府督查室、各区和所属部门等的职责，以方便形成破解“每月一题”的合力。这样，“每月一题”就通过顶层设计和机制创新实现了问题范围与治理单位之间的有效匹配，本质上是治理界面的重构和创新过程。以拖欠农民工工资的问题为例，北京市人力资源和社会保障局是主责部门，而行业主管部门、司法机关、金融机构、不动产登记部门、车辆登记部门、各区政府、街道乡镇等是配合部门，这些部门进行有效配合才能解决问题。从这个意义上看，“每月一题”推动了基于问题的治理界面的形成，而不同部门之间有效合作和高效互动是治理界面发挥作用的关键。

“每月一题”建构了以清单机制、调度机制、监督机制和评价机制等为重点的驱动机制，实现了问题解决的闭环管理。有效解决问题，科学机制是保障和根本。只有建构良好的驱动机制，才能够调动各方积极性。“一方案三清单”的清单机制是“每月一题”的创新，它以结构化思维来破解非结构化难题，《工作计划》要求 12 个主责部门和 54 个配合部门对 27 个具体问题逐一提出解决方案，并制定任务清单、责任清单和政策清单。解决方案是对“每月一题”的总体破题，它涉及问题分析、原因分析、目标设定和方案分析，本质上是一个政策分析过程。任务清单则是一个手段—目标链条，它由 600 多项任务构成，并且将手段—目标链条与时间相匹配，形成了月度、季度和年度等阶段性目标和举措。责任清单旨在对手段—目标链条的责任主体进行明确，尤其是对主责部门和配合部门之间的权利义务进行界定。政策清单则是为了破解难题和预防问题而进行的政策和制度改革的内容，这些政策和制度改革既是问题得以有效解决的基础，又是实现标本兼治的主要举措。从某种程度上看，“每月一题”破解难题，最大的创新就是在解决问题和政策与制度创新之间实现了有效平衡，它既着眼于解决当下的问题，又是推动长期制度建设的手段。以北京市解决预付式消费退费难问题为例，北京市市场监督管理局在推动解决预付式消费退费难问题的同时，还与北京市商务局共同起草了《北京市单用途预付卡管理条例（征求意见稿）》并面向社会征求意见，这是从根源上治理预付式消费退费难问题的有益尝试。调度机制和监督机制是“每月一题”问题解决的重要推动力量，它们是从外部促进不同治理主体完成任务的约束机制。要促进不同治理主体之间的协同，推动多层次治理主体之间形成合力，除了同级部门之间、条块之间自身协同之外，北京市还非常重视高位调度，通过更高级别领导来促进治理界面的良性运行。事实上，市长、副市长，市委书记、市委常委等都有可能成为调度主体，通过高位推动跨部门、跨层级之间的协同，促进“每月一题”的有效解决，有些市领导还会针对重点问题成立专班来调度形成治理合力。当前，《工作计划》明确了由市委、市政府督查室以及改革专项小组负责监督，其中前者是按照任务和目标进行监督，后者则每月听取汇报进行监督。此外，市纪委也开始介入“每月一题”活动，实现对接诉即办、“每月一题”的专项监督。无论是清单机制，还是调度机制和监督机制，其目的都是促进问题解决。而要了解问题是否真正得到了有效解决，就需要依靠评价机制。只有制定科学的评价机制，才能够使得“每月一题”成为一个闭环，并为进一步推动“每月一题”改革提供新指引。

“每月一题”设计了月度点评的沟通交流平台，实现了治理主体对待解决的问题的注意力分配。注意力资源是最稀缺的资源，领导和决策过程本质上是一个注意力分配的过程。接诉即办是一种注意力分配，“每月一题”也是注意力分配，它意味着治理主体把更多时间和精力配置到为民服务中来。从 2021 年 1 月的月度工作点评会开始，“每月一题”成为会上的重要内容。在对“每月一题”的点评中，北京市委主要领导通常会对两个方面的问题进行点评：一是对“每月一题”中当月涉及的问题的解决情况进行点评；二是对“每月一题”的治理过程进行点评。事实上，没有良好的治理过程，就不可能很好地解决问题。从这个意义上看，解决问题和治理过程是一体两面，两者相互促进和相互协同。在 2021 年 5 月的区委书记月度工作点评会上，市委书记蔡奇针对“每月一题”的治理过程指出：“‘每月一题’工作机制既要抓进度，确保不断取得阶段性成效，更要‘一竿子插到底’，从源头解决问题。市区两级加强督查，各区各相关部门和市属企业协同发力。”这些点评内容的实质仍然是不同治理主体通过协同合力来形成促进问题解决的治理界面。只有上层决策者在注意力分配方面持续对“每月一题”加以倾斜，“每月一题”的主责部门和配合部门才会有动力真正投入时间和精力促进问题解决，并且通过政策和制度创新从源头上解决问题，降低类似问题产生的概率。

三、“每月一题”推动首都治理体系和治理能力现代化

无论是主动发现问题，还是提出解决方案，最终都是为了达到解决问题的目标。“每月一题”作为解决问题的城市治理范式，衡量其成效的首要标准是“每月一题”的 12 类、27 个高频热点问题是否得到有效解决，问题涉及的民众是否满意。此外，“每月一题”与接诉即办最大的差别是“主动治理、未诉先办”，这也意味着我们还需要考察经过“每月一题”机制之后市民针对同类问题的诉求量是否降低，基层负担是否减轻。很显然，诉求量降低和源头治理构成了“每月一题”的中期目标，它和具体问题解决这一短期目标之间又能够形成良性互动。“每月一题”在直接推动问题解决的同时，非常重视通过改革手段来促进问题解决，而政策和制度出台成为其高点，也是完善治理体系和增强治理能力的举措。在这个意义上，推动首都治理体系和治理能力现代化构成了“每月一题”的终极目标。由此可见，我们可以从短期（问题解决和民众满意度提升）、中期（问题源减少和基层负担减轻）、长期（治理体系和治理能力现代化）三个尺度来对“每月一题”的治理效果进行评估。

通过“每月一题”工作机制，北京市的一些高频热点难点问题得到解决，民众满意度得到提升。根据北京市有关方面的统计，截至 2021 年 7 月，12 类主题中的很多具体问题都已得到解决，任务清单中所列全年 603 项任务中，275 项任务已经完成，占全年目标的 45.6%。在拖欠工资问题治理方面，从北京市人力资源和社会保障局获悉，2021 年 1—4 月，全市共查处拖欠工资案件 2 663 件，为 6 904 名劳动者追讨工资 9 194 万余元。在房产证办理方面，北京市已解决了 5.1 万套房屋的不动产登记历史遗留问题。在老旧小区改造方面，北京市已先后确认下达 2 批改造项目计划，共包括 308 个项目和 299 个小区，截至 2021 年 7 月，各项目正在开展招标、方案设计等前期工作，条件具备后将陆续进场施工。在网络消费纠纷治理方面，实现网络消费纠纷立案 1 110 件，17 家全国性互联网平台企业已完成问题整改 1 782 项。在房屋漏水治理方面，从市住房和城乡建设委员会获悉，2021 年 2 月以来北京市确定了 16 个居民诉求集中的小区作为督查重点，专项解决房屋漏和堵，截至 2021 年 7 月，16 个小区已基本治理完成。尽管还缺乏对民众满意度的定量评估数据，但从《北京日报》等对“每月一题”的系列报道看，很多民众都从“每月一题”的治理中得到了切实的好处，获得感、幸福感和满意感大大提升。

通过“每月一题”工作机制，北京市关于一些高频热点问题的诉求量得到降低，基层负担减轻，实现了顶层治理和基层治理良性互动。从北京市政务服务管理局统计的数据看，截至2021年5月底，27个高频难点问题中，15个问题的12345市民诉求派单量环比下降。其中，普惠幼儿园入园、居家养老保障、无牌照电动三四轮车、预付式消费退费难、教育培训机构规范管理等问题的诉求量下降超过10%，成效明显。当然，这些下降比率与预期相比还有较大差距，这说明我们需要进一步推动“每月一题”治理体制机制改革，尤其是要在跨部门、跨层次、跨系统的协同方面发力，以真正地促进12类主题、27个高频难点问题得到根本性、全局性和系统性的缓解。只有这些问题的诉求量实现30%甚至50%左右的下降，“每月一题”的治理成效才能够得到根本性呈现，基层负担才能够得到全局性减轻。在对街道和社区的调研中，街道干部和社区干部对“每月一题”寄予厚望，他们也希望北京市委能够更加集中资源对一些难题进行破解，以彻底降低相关领域的诉求量。对于他们而言，有些诉求问题是他们没有能力和资源解决的，这些问题不解决，诉求量就不会降低。因此，如何进一步匹配注意力分配、治理资源和热点难点问题，真正有效解决居民诉求难题，仍然是“每月一题”需要关注的焦点。

通过“每月一题”工作机制，北京市的一些基础性制度得到一定程度的完善，正在向首都治理体系和治理能力现代化的标准迈进。“每月一题”是“主动治理、未诉先办”的重要抓手，其核心和关键在于“每月一题”是从问题解决通向首都治理体系和治理能力现代化的桥梁。要实现首都治理体系和治理能力现代化，就意味着各方面的治理要井然有序，各种问题能够在萌芽状态得到解决，避免问题从小问题发展成为棘手难题。中国古人很早就已经意识到需要进行前瞻治理，及时监测问题征兆并采取有效应对措施，如《易经·系辞下》曰：“几者，动之微，吉之先见者也。”在预付式消费退费难问题治理中，北京市于2021年6月2日正式对外公布了在征求行业协会、企业和公众意见的基础上起草的《北京市美发美容行业预付费服务合同》示范文本，这有利于提前避免消费者和美容美发商家因为办卡产生的纠纷和矛盾。此外，针对拖欠农民工工资等问题，2021年北京市人力资源和社会保障局连续出台了《北京市人力资源社会保障行政处罚裁量基准》《北京市加强和规范事中事后监管实施方案》《北京市人力资源社会保障“双随机、一公开”监管工作规范》《北京市工程建设领域保障农民工工资支付工作管理办法》等文件，协调住建等行业主管部门，共同推动保障农民工工资支付法规落地实施，为源头治理提供了制度保障。

首都治理体系和治理能力现代化难以一蹴而就，它需要各方持续努力，不断针对环境的变化以及产生的问题，进行治理体系和治理能力的适应性调整，只有如此才能够在演化中真正提升治理能力和水平。与此同时，首都治理体系和治理能力现代化更是不可能一劳永逸，它是一个持续探索的过程，需要不同治理主体持续付出努力才能够维持现代化状态。首都治理体系和治理能力现代化如逆水行舟，不进则退。更为困难的是，首都治理体系和治理能力现代化具有“非对称性”特点，实现首都治理体系和治理能力现代化需要艰苦卓绝的努力，而对其进行破坏则不费吹灰之力。因此，无论是迈向首都治理体系和治理能力现代化，还是维护首都治理体系和治理能力现代化成果，都需要各级政府、部门、社会组织、企业、民众等持续努力，通过对话、协商、信任、共同理解、责任承担等来应对自身面临的集体行动难题，这是一个不断坚持的过程。“每月一题”代表了民众和政府的共同努力，而随着“每月一题”成效的不断扩大，它也一定会进一步提升首都治理体系和治理能力现代化水平。

四、进一步推动“每月一题”有效治理的建议

要实现从“每月一题”到首都治理体系和治理能力现代化的转变，就需要积极应对北京市的高频热点问题，把“每月一题”治理好，提升“每月一题”的治理效能。为此，结合上面讨论的“每月一题”推动首都治理体系和治理能力现代化的基本原理，可以在如下五个方面进行优化：

第一，推动“每月一题”的数字化转型，建构“每月一题”的数字治理界面。“每月一题”的一个特点是清单机制管理，形成了“一方案三清单”，包括600多项任务。这意味着，我们可以通过建立“每月一题”的数字治理界面，对“每月一题”的进展、成效和难题等进行实时跟踪，及时获取“每月一题”的完成情况。“每月一题”的数字治理界面不仅有利于各级领导获取信息，而且有利于监督部门对问题治理情况进行实时监督，还可以优化信息报送工作。可以预测，随着“每月一题”取得治理成效，2022年会推出新的“每月一题”主题，确定新的主责部门和配合部门，而通过“每月一题”数字治理界面既可以对上一年的“每月一题”进行继续跟踪，又可以对新的“每月一题”进行监测，形成累积性进步，避免只关注新的“每月一题”，而忽略旧的“每月一题”。更为重要的是，有了“每月一

题”数字治理界面，可以实现对多个“每月一题”持续分配注意力，避免一段时间只关注一个“每月一题”，而忽略其他“每月一题”。

第二，厘清“每月一题”的问题边界，形成“每月一题”的存量问题和增量问题框。“每月一题”的各项任务、项目和改革要求，最终是为了解决问题。为此，需要对不同的“每月一题”的问题边界进行界定，尤其是需要厘清存量问题和增量问题，弄清楚这个“每月一题”到底是要解决哪些问题。当前，相对比较容易确定的是存量问题，例如，房产证办理的存量问题涉及50多万套房产，只要未来按照法规办事，就应该不会有增量问题。但是，有些领域却同时涉及存量问题和增量问题，如预付式消费退费难问题，既涉及已经反映的问题，又涉及新产生的问题。因此，“每月一题”需要在存量问题和增量问题上都形成问题框，其中增量问题可以由12345市民服务热线收集反馈，而存量问题除了由12345热线收集反馈外，还可以借助大数据来获取问题全貌。只有有了“每月一题”需要解决的问题框，才能够对其解决效果及诉求量降低情况进行评价。

第三，加大“每月一题”的信息公开力度，促进社会各界参与“每月一题”治理。“每月一题”所涉及的议题都是棘手难题，要对这些问题进行良好治理，仅仅依靠政府是不够的，需要建立棘手难题合作解决的机制。为此，就需要在棘手难题治理中引入社会力量参与。事实上，北京市已经进行了一些探索，如预付式消费退费难问题就引入了行业协会、公众等参与治理。社会各界参与治理的前提是信息公开及参与平台的建立，这就需要北京市委、市政府加大对“每月一题”治理问题的信息公开力度，并且搭建更好的平台让各方参与。

第四，强化“每月一题”的第三方评估，获取“每月一题”的科学绩效数据。没有评估就没有管理，没有科学的评估就没有高效的治理。要做到客观、全面、系统地对“每月一题”的绩效进行评估，就需要对“每月一题”的短期、中期和长期绩效分别进行评估，并且对主责部门和配合部门绩效进行评估，对各个部门之间的配合程度进行评估，对市民满意度进行评估。这意味着，对“每月一题”的绩效评估是一个综合性绩效评估，它需要使用主观和客观指标，依据多来源数据，形成科学的评估报告。更为重要的是，在对“每月一题”绩效进行第三方评估时，还需要加大绩效评估的使用力度，避免绩效评估成为形式主义。当然，我们还需要对“每月一题”破解的成本收益进行分析，以提升“每月一题”的解题经济性。

第五，丰富“每月一题”的披露数据，让“赛马效应”持续涌现。接诉即办改革之所以能够取得成效，关键是因为找到了对接诉即办进行绩效评估的关键指标，并且可通过持续对绩效数据进行披露形成“赛马效应”。当前对于“每月一题”的点评只是对当月的难题进行点评，而如何在对当月难题进行点评时覆盖其他月份的“每月一题”，特别是如何对不同的“每月一题”解决效果进行横向比较，尤其是比较其存量问题解决率，增量问题产生率、解决率，以及政策和制度改革水平，等等，都需要进行探索。只有找到关键指标并持续进行数据披露，才可能对“每月一题”的主责部门和配合部门形成有效激励，让不同部门有动力投入更多人力、物力和财力破解难题。

第十一章
接诉即办的立法建议

2020年12月14日，国务院召开常务会议，要求部署优化政务服务便民热线，提高为企便民服务效率和水平的相关工作。接诉即办首次从北京经验上升为国家战略。会议要求：“优化政务服务便民热线，不仅要方便群众拨打，更要优化流程和资源配置，强化技术支撑，实现热线受理与后台办理服务紧密衔接，健全接诉即办和督办问责机制，确保企业和群众反映的问题和合理诉求及时得到处置和办理，使政务服务便民热线接得更快、分得更准、办得更实。”在这样的背景之下，加强接诉即办立法，以法律形式固化接诉即办的北京探索和北京经验，既可以进一步巩固北京接诉即办改革的成效，更好地践行“人民城市为人民”的理念，又可以为全国提供可复制、可推广的北京样板。

我们认为，接诉即办立法需要依托北京接诉即办实践经验，结合超大城市治理的基本规律，重点处理好如下八个关键性和根本性问题：（1）接诉即办立法需要平衡事件立法和机构立法之间的关系，将两者有机结合；（2）接诉即办立法需要优化政府信息处理过程，引导有效回应合理诉求；（3）接诉即办立法需要完善诉求受理、分派、办理、考核等流程，将科学流程规范化；（4）接诉即办立法需要明确不同治理主体在接诉即办流程和环节中的职权、责任和义务；（5）接诉即办立法需要在推动政府社会协同和部门协同上探索新机制，促进问题的跨部门协同解决；（6）接诉即办立法需要在赋权基层治理主体上进一步探索新方法，平衡权力和责任；（7）接诉即办立法需要在制度衔接、机构衔接和技术衔接上下功夫，实现超大城市治理成效的整体提升；（8）接诉即办立法需要在数据治理、智库功能、学习培训、文化氛围上进行探索，为接诉即办可持续运行奠定基础。

一、接诉即办立法需要平衡事件立法和机构立法

“定职责、定机构、定编制”是中国机构改革的重要经验，也是推进国家治理现代化的重要举措。接诉即办立法也需要处理好职责、机构与编制问题，其核心是要在事件立法和机构立法之间进行有效平衡，明确接诉即办这一事件中政府所拥有和承担的权力和责任，让接诉即办这一事件法治化，真正让接诉即办有法可依。

对于接诉即办立法而言，它首先是针对接诉即办这件事进行立法，明确要完成好接诉即办这项工作，需要什么样的法律保障。为此，接诉即办需要与上位法进行有效对接，讨论如何使回应民众的非紧急诉求这个事件按照法律要求运行。由于诉求的发起者是民众，接诉即办立法实际上要考虑民众与政府之间的互动关系及其内涵与外延，这是对民众与政府之间针对诉求的互动进行立法，本质上要对接诉即办这整个事件有更加清晰的界定。只有接诉即办事件清晰，法律才能够有明确的规范对象，否则法律就会失去指向性。

对接诉即办这一事件的立法，从根本上涉及机构立法，它需要规定将完成这件事的职责赋予哪一个主管部门，这一主管部门或者是已经成立的机构，或者需要成立新的机构。在接诉即办立法中，重点要讨论是由一个政府机构来对整个接诉即办专门负责，还是由其他机构来负责。当前，接诉即办是以北京市政务服务管理局的名义，由北京市市民热线服务中心这一事业单位来完成的，事业单位承担了很多行政职责，不符合政府改革的方向。考虑到接诉即办对于超大城市治理的重要性，可以考虑成立一个正厅级“接诉即办局”，或者由政务服务管理局代管的副厅级“接诉即办局”来负责整个接诉即办事件，推动接诉即办可持续发展。

二、接诉即办立法需要优化政府信息处理过程

接诉即办立法需要在诉求类型上进行分类，当前北京市区分了咨询、建议、举报、投诉、需求等诉求类型，这是精细化治理非常重要的一步。由于接诉即办是民众与政府的互动，且民众是通过信息反馈来与政府互动的，这意味着政府需要处理来自民众的信息，从这个角度看，接诉即办是一个政府处理信息的过程。能否高效处理来自民众的信息，直接关系到接诉即办的成效。

政府要高效处理民众信息，首先需要区分哪些信息可以进入政府下一步工作

流程，哪些信息政府只是作为接受者就可以。为此，政府需要有一个清晰明确的标准来判断哪些信息可以忽略，哪些信息需要认真对待，这就要求对民众诉求与政府职责的范围进行清晰界定，为政府较好地回应民众诉求奠定基础。

当来自民众的信息需要进入政府下一步工作流程时，政府需要有一个针对信息的分类框架，并且建立起完善的闭环系统。对于信息可以区分为两种：一种是通过接诉即办渠道和机制来处理的信息，另一种是通过其他渠道和机制来处理的信息。对于后一种信息处理机制，政府需要做好引导；对于前一种信息处理机制，政府需要在周延性、完备性、系统性上下功夫，还需要进一步生成信息处理的二级或三级目录。在建立起政府信息处理的标准和分类框架的基础之上，政府需要对框架进行动态调整，并且引导民众合理使用诉求资源，推动超大城市的共建、共治和共享。

三、接诉即办立法需要将科学流程规范化

接诉即办立法要以事件为基础，按照事件的生命周期实行闭环管理，这就需要对接诉即办的科学流程进行立法。接诉即办的流程既不能太粗，也不能太细，需要按照事物自身的规律来确立流程。根据国务院常务会议中提出的“健全接诉即办和督办问责机制，确保企业和群众反映的问题和合理诉求及时得到处置和办理，使政务服务便民热线接得更快、分得更准、办得更实”的要求，接诉即办可以重点关注受理、分派、办理、考核四个环节，着眼于办好一件事，形成政府信息处理的闭环。

与此同时，在每一个流程和环节下，可以有更细的子流程和子环节，这些可以通过实施细则来实现，同时也要为各方的探索留下空间。根据接诉即办的运行效果，在总结经验的基础之上，可以在流程标准化、规范化、系统化的方向上进行探索，为整个流程的高效运行提供解决方案，提升接诉即办的办事效率和质量。

四、接诉即办立法需要明确职权、责任和义务

由于民众诉求是多样的，政府的机构和职责是分立的，接诉即办本身就是一种连接多样性诉求与专业化政府机构的机制。这也意味着，接诉即办需要北京市各级治理主体的全面参与，需要条块结合、层级结合、政企结合。为此，接诉即

办既需要有一个机构来对整个事件负责，又需要不同机构在不同环节和流程分别负责，通过这些不同责任机制的有效融合来促进问题解决，落实以人民为中心。

因此，接诉即办立法可以按照两种方式来组织和梳理不同治理主体的职责，最终形成立足于治理主体和办理流程相结合的责任矩阵。一方面，接诉即办可以侧重于以流程为基础来明确不同治理主体的责任，强调每一个流程由哪些治理主体来负责，实现所有流程都有人负责；另一方面，接诉即办还可以按照治理主体来组织，明确不同治理主体在接诉即办不同流程中分别应该承担的责任。通过这两种责任界定的方式，实现治理主体和治理环节的责任全覆盖。

五、接诉即办立法需要促进问题的跨部门协同解决

对于接诉即办而言，如果某个环节和流程可以分配由某个单一治理主体完成，或者某个事件只需要一个治理主体来处理，则接诉即办处理的是工程性问题或简单问题。但是，当接诉即办的环节和流程涉及多个治理主体时，接诉即办处理的则是复杂问题或棘手问题，便需要整体性政府的支持、跨部门合作甚至跨层次合作。这些问题是接诉即办立法应该重点关注的问题。

为了促进这些问题的解决，接诉即办立法需要在推动横向部门协同、纵向部门协同、政府社会协同等不同类型的跨部门、跨地域、跨层级问题解决方面探索新机制、新方法和新手段，明确不同治理主体的责任。更为重要的是，法律要进一步完善“吹哨报到”机制，将“吹哨报到”与各种复杂的协同合作情境结合，为问题解决者启动这些机制提供便利。

六、接诉即办立法需要平衡权力和责任

客观上来说，接诉即办是北京市探索超大城市基层治理改革的重要实践，也是推动问题在基层和一线解决的重大尝试，更是新时代群众工作的样本，取得了很大成效。为了减少中间环节，北京市直接将一些问题下派到街道，并且对街道进行排名，将压力传导给街道，倒逼基层治理体系和治理能力现代化。在取得成效的同时，这种做法也面临着各种问题，包括基层负担过重、基层能力不足、基层资源少等。尽管北京市也推动了街道工作立法，实现赋权、下沉、增效，但是基层仍然同时面临着各方压力。

为此，北京市在接诉即办立法中，需要在派单精准性上下功夫，将问题的解决与职责、能力和资源匹配起来。一方面，还是需要调动区级政府、条条部门解决问题的积极性；另一方面，在对相关治理主体进行考核的同时，更需要在帮助它们提升治理能力和应急处理能力上下功夫。通过不断探索，形成促进治理主体的治理范围、治理资源、治理能力与问题解决有效匹配的机制。

七、接诉即办立法需要制度衔接、机构衔接和技术衔接

接诉即办是政府回应民众需求和推动问题解决的一种方法和机制，但并不是唯一的方法和机制，更不是“万能药”，政府需要明确接诉即办的范围和限度，让接诉即办在其自身限度和范围内发挥作用。这意味着，政府需要一手抓中心工作和常规工作，一手抓接诉即办，形成两手抓、两手硬的工作格局。事实上，接诉即办构成了一种争取政府分配注意力的机制，与此同时，政府注意力分配还受其他机制影响，只有平衡不同注意力分配机制才能够实现良好治理。这也意味着，在对政府和部门的考核方面，需要将对接诉即办的考核与其他考核进行统筹，在完善接诉即办的同时不使其替代其他治理。

为此，接诉即办立法需要在制度衔接、机构衔接和技术衔接上下功夫，推动“接诉即办 +”机制的产生，从而形成超大城市有效治理的合力，例如：接诉即办与信访部门的衔接，推动矛盾在一线化解；接诉即办与“城市大脑”的衔接，推动智慧城市建立；接诉即办与“十四五”规划的衔接，推动规划的顶层设计与问计于民融合……当“接诉即办 +”发挥更大作用时，接诉即办才能够真正形成主动治理、未诉先办、自诉自办等可持续治理格局。

八、接诉即办立法需要探索可持续运行之道

接诉即办立法既需要围绕事件本身开展，又需要超越事件，探索事件有效运行和可持续运行的基础性条件。这意味着，我们需要为接诉即办良性运行创造好的环境，让接诉即办发挥更大作用。北京市委、市政府主要领导的重视是接诉即办持续有效运行的前提和基础，这就需要在立法中明确主要领导注意力分配的制度化途径，让接诉即办成为市委、市政府运行的重要机制之一。

此外，接诉即办立法还需要在数据治理、智库功能、学习培训、文化氛围上

进行探索，加强能力建设，为推动问题解决提供智力支撑。接诉即办的数据构成了首都非常重要的城市治理资源，如何让更多的智库能够使用资源，让接诉即办发挥智库功能，也是立法需要进行规定的内容。接诉即办涉及内容广泛，需要进行学习、实验和扩散，做好接诉即办的培训工作应该成为其立法工作的重要一环。接诉即办正在全方位改变民众和城市政府之间的关系、形成民众与城市政府良性互动的新格局，这就要求我们形成城市治理新文化，在接诉即办的文化和精神内涵上进行总结和深化，促进接诉即办高效开展。

第十二章
接诉即办的效果评估

接诉即办改变了什么？这是对接诉即办改革进行效果评估的首要问题，也是判断接诉即办改革成功与否的关键。接诉即办作为超大城市的治理实验，以解决民众诉求为出发点，通过“主动治理、未诉先办”解决共性问题和预防新问题，并进一步推动首都治理体系和治理能力现代化，它成功地找到了建构超大城市治理体系的新路子。接诉即办改革对首都治理产生了广泛而深远的影响，对其效果可以从时间（短期和长期）与对象（政府、民众和政民互动）这两个维度进行总结。我们可以发现，接诉即办改革至少有六个方面的效果：（1）接诉即办改革推动了超大城市治理重心下移和干部作风转变；（2）接诉即办改革解决了民众的急难愁盼问题；（3）接诉即办改革有效地改善了干群关系；（4）接诉即办改革提升了民众的获得感、幸福感和安全感；（5）接诉即办改革促进了政府和民众之间的信任与合作；（6）接诉即办改革推进了首都治理体系和治理能力现代化。

一、从时间和对象两个维度看接诉即办的效果

有效性和合法性是我们衡量改革成功与否的核心标准，前者关注的是是否真正地解决了问题、改善了社会福祉，后者关注的是是否与现有法律法规相契合，以及民众对于改革的接受程度如何[①]。有效性总是与有用、结果、效用等联系在一起，而合法性则是与程序、规范、法律、认同等联系在一起。一些改革具有有效性，但不一定具有合法性；相反，另一些改革具有合法性，但不一定具有有效性。比较理想的改革是有效性和合法性兼顾、平衡和相互促进。2021 年 9 月，《北京市

① Scharpf F W. Games real actors play: actor-centered institutionalism in policy research[M]. London: Routledge, 2018.

接诉即办工作条例》出台，这标志着接诉即办改革正式从实践探索上升到地方法规，其合法性得到了有效保障。此外，由于《北京市接诉即办工作条例》遵循了全过程民主的理念，其制定过程也是集中民意、获得民众认可、达成共识的过程，因此法规制定和出台都是增强接诉即办改革合法性的有效尝试。

在合法性得到保障的前提下，接诉即办改革的有效性成为影响其可持续性的关键变量。对于有效性，有很多分析视角。经济学者对有效性的分析通常会从成本与收益的角度进行讨论，分析其经济性①。公共政策学者对有效性的分析则会注重其是否实现了对社会状态的预期改变，更加重视对改革效果的评估②。计量经济学者则注重使用反事实框架对改革与效果之间的因果关系进行分析，一方面讨论是否发生了预期变化，另一方面研究这些变化是否是由改革引起的③。而后现代公共政策学者对有效性的分析则注重改革效果与社会情景、社会价值之间的契合性，他们重视对效果的价值判断。由此可见，有效性存在不同的维度和视角，它是对改革的不同层面和角度的分析，也体现了不同行动者关注点的差异。关于接诉即办的效果评估，我们认为可以从时间和对象两个维度来讨论接诉即办改革对首都超大城市治理的影响，形成效果评估的分类框架（见表 12-1）。对象维度是对影响的内容进行分析，时间维度是对影响的长短进行分析。

表 12-1　接诉即办改革的效果评估分类框架

时间	对象		
	政府	民众	政民互动
短期	推动治理重心下移和干部作风转变	解决民众的急难愁盼问题	改善干群关系
长期	推动首都治理体系和治理能力现代化	提升民众的获得感、幸福感和安全感	促进政府和民众之间的信任与合作

由此可见，关于接诉即办的效果评估，首先需要考虑接诉即办对谁和对什么

① Hausman D, McPherson M, Satz D. Economic analysis, moral philosophy, and public policy[M]. Cambridge: Cambridge University Press, 2016.

② Nagel S S. Handbook of public policy evaluation[M]. London: Sage, 2002.

③ Abadie A, Cattaneo M D. Econometric methods for program evaluation[J]. Annual review of economics, 2018(10): 465-503.

产生了影响。尽管接诉即办涉及的是诉求和问题解决，但它本质上是一种政府与民众之间的互动，它最终会对政府、民众、政民互动产生广泛而深远的影响。政府、民众和政民互动可以作为影响对象的分类框架，用以分别讨论接诉即办改革的效果。除此之外，接诉即办改革的效果评估还需要考虑时间因素，即接诉即办的短期影响和长期影响，兼顾短期影响和长期影响应该是接诉即办改革的重要目标之一。事实上，时间本身也是衡量改革成效的重要指标，在具有同等效果的情况之下，效果持续的时间越长，改革成效越大。

基于对象和时间两个维度，接诉即办改革至少有推动治理重心下移和干部作风转变，解决民众的急难愁盼问题，改善干群关系，提升民众的获得感、幸福感和安全感，促进政府和民众之间的信任与合作，推动首都治理体系和治理能力现代化六个方面的效果。这六个方面的效果既是接诉即办效果评估的组成内容，也可以反过来作为接诉即办改革的目标和方向。

二、接诉即办推动了治理重心下移和干部作风转变

从短期看，接诉即办对政府自身的影响，主要体现在基层治理结构和官员行为两个方面，前者主要是推动治理重心下移，后者主要是转变干部作风。基层治理是国家治理的基石，建立简约高效的基层管理体系是基层治理改革的方向。在基层治理中，治理主体常常面临着治理体系的内外不平衡，主要表现为治理能力与治理任务不匹配、治理专业性与治理技术性不匹配、治理资源与治理需求不匹配，这导致了“看得见的管不着，管得着的看不见”。基层治理问题在基层，但其解决则需要各级部门通力合作，而不仅仅只是基层政权的职责。北京市为了改变基层治理格局，启动了街道办事处大部制改革，出台了《北京市街道办事处条例》，通过赋权、下沉和增效提升基层治理能力。“吹哨报到”是街道进行条块整合的机制，也是解决基层问题的共同行动和合作机制。接诉即办改革则进一步推动了治理体系的重心下移，它通过高层分配注意力、各级部门直面基层、用好“吹哨报到”和夯实基层等来实现。接诉即办通过市民热线服务中心直接派单至街道、乡镇，并对办理情况进行考核排名，找到了市委、市政府从高层推动基层治理变革的抓手。与此同时，对于基层不能解决的问题，则通过使用“吹哨报到”机制来召集条条部门一起解决，或者直接将相关问题转移到区级部门和市级部门，由更高层级政府来推动基层问题解决。接诉即办改革通过进一步厘清基层问题的

职责权限，实现了基层治理体系的再平衡，为建立简约高效的基层治理体系找到了行动路径。

接诉即办除了对基层治理结构产生系统性、根本性和全局性影响之外，还对各级各层公务员产生了广泛影响，促使官员转变作风、优化行为、提升为民服务的能力和水平。接诉即办关键在“办”，而“办”的前提是切实了解民众诉求，针对诉求进行科学分析，明确诉求中政府的职责范围。在诉求办理过程中，政府官员需要将心比心，从民众角度考虑问题，主动与民众打交道，实现从向上负责到向下负责转变，真正做到眼睛向下和脚步向前。这意味着，随着接诉即办工作的持续开展，官员的观念、态度、作风和行为等都发生了系统性变化，从某种程度上看，它是官员的“心智革命”，以一种新的为民服务作风替代官僚主义、形式主义等当官做老爷作风。接诉即办在转变官员作风的同时，转变了官员对民众的态度，使得“公仆意识”被重新找回，实现了官员对民众从冷漠到热情和尊重的转变。事实上，接诉即办改革对于官员作风的系统转变，不仅仅发生在基层，还发生在基层之上的各级政府和部门之中，转变作风和为民服务成为首都公务员系统的集体共识，这也是“首善标准”在公务员系统中的体现。随着官员作风的转变，官员行为也开始发生变化，局处长走流程等一系列变革相继在首都展开，这是从转变作风到改变行为的生动体现。可以预期，未来各级官员在制定政策、出台规定、行使职责时，都会有人民立场和民本思想，真正实现为民服务。应该说，接诉即办对首都公务员系统的全方位变革，正在建构一个从心理、伦理到行为的完整链条体系。

三、接诉即办解决了民众的急难愁盼问题

从短期看，接诉即办对民众的影响，主要是解决了民众的急难愁盼问题。对于民众的急难愁盼问题，接诉即办致力于让民众有渠道反映问题、精准分配解决问题的单位和通过考评来促使各单位认真办理。在接诉即办改革推行以前，民众要找到合适的政府部门并不容易，这是由民众需求一体化和政府部门分工专业化之间的矛盾造成的。为了提升效率，政府按照横向和纵向进行专业化分工，形成了当前多层级、多部门的政府治理体系。每个层级和每个部门各司其职，这在一个流动性不大的社会中是合适的。而随着社会的流动性加大，原有的分工可能不适合复杂的公共事务治理，不能够满足民众差异化、多样化和一体化的需求。与

之相关的突出问题是，民众需要通过多个途径才能够找到合适的政府部门，这大大增加了交易成本。接诉即办改革则实现了政府界面重构，政府通过一个界面来回应民众诉求，在接收到民众诉求之后再进行内部职责分工，这样就把政府与民众之间的交易从多次交易寻找合适部门转化为一次交易寻找合适部门，大大减轻了民众的负担。与此同时，由于政府部门面临着考核压力，它们也会主动联系民众，在与民众的互动中提前解决问题。正是在这个意义上，接诉即办作为一种回应民众诉求的长途机制，在某种程度上激活了回应民众诉求的短途机制，增加了政府与民众之间的有效互动。

由于精准的分配和严格的考评，民众的诉求得到认真对待，一些长期得不到解决的问题得以破题。正是因为问题解决的效率与质量不同，市民热线服务中心的传统方式与接诉即办的差别真正得以体现。接诉即办改革依托 12345 市民服务热线，但又是一种根本性变革，这种变革的关键就在于民众诉求在接诉即办体制之下得以解决。传统方式中，市民热线服务中心也会收到市民诉求，但是由于没有一套体制机制，很多诉求回应只呈现在书面上，用“纸面”回应“热线”，并没有真正转化为行动。接诉即办改革的重大差异就在于通过高位注意力分配，调动各级治理主体的主动性、积极性和创造性，并依托一整套科学严格的考评机制，使得各级政府和部门不得不认真解决问题，切实将一个个难题破解，从而提升民众的福祉。无论什么时候，接诉即办的效果评估，都离不开从民众视角思考问题，都离不开这项制度为民众带来了什么实惠。因此，接诉即办本质上是一个个问题被解决的过程，也是民众的一个个急难愁盼问题得以化解的过程，这也构成了接诉即办最直观、最重要和最根本的效果。从管理学中关于激励因素和保健因素的理论来看，解决当前问题就是一种保健因素，解决了民众不一定满意，不解决民众一定不满意。从这个角度看，接诉即办改革的短期效果是为民众提供保健因素，不使民众不满意，而要真正使得民众满意，还需要在更优质的服务和更高效率的治理上下功夫，这是从激励因素出发需要考虑的内容，也是提升接诉即办改革长期效果需要考虑的问题。

四、接诉即办促进了干群关系改善

从短期看，接诉即办对政府与民众之间关系的影响，主要体现为干群关系得到改善。政府和民众之间的关系，尤其是干部与群众之间的关系，直接决定了治理成效。干部和群众关系不好，治理很难取得预期成果。传统模式下，无论政府干活，还是政府不干活，民众意见都很多，极端情况之下，会出现“群众无感，干部不满”的结局。究其原因，主要是政府与民众之间缺乏沟通，各自的激励性存在差异，这使得民众需要的政府不一定提供，政府提供的民众不一定需要，双方相互责备，彼此自说自话，不能形成合力。久而久之，政府和民众、干部和群众之间关系越来越疏远，脱离群众的执政风险也会加大。

接诉即办改革则通过高层推动，依托民众评价，应用考评机制，压实基层责任，让各级政府重新认真对待民众诉求。政府在被动回应中逐渐转变观念，开始积极主动回应民众诉求，这也是干群关系得到改善的真正原因。不可否认，有一些民众的诉求可能会不合理，但是这只是少数，大部分民众的诉求都有其合理成分和因素。政府部门及其工作人员只有厘清政府职责边界，真正与民众交心，将民众的诉求当作自己的诉求，才能够及时解决问题，公正地处理好民众的诉求。政府和民众之间的持续、动态和良性的互动，也会使得政府从民众的视角重新审视制度、政策和程序。正是通过这些日常的改变，政府治理的人民性才得以体现。经过两年多的努力，接诉即办改革使得更多的干部从办公室走到群众中，开始直接与群众接触，无论是接触次数、频率还是范围，都大大增加和扩大。很多干部在干群关系上实现了根本性转变，他们从不敢与群众打交道到与群众打成一片，从害怕做群众工作到享受与群众互动，从不相信和不信任群众到将群众视为知心人，从被动与群众交往到主动融入群众之中，切切实实地改善了干群关系。对此，群众也有很深的感受，他们在与政府官员交往中，感受到了干部的耐心、细心和真心，也愿意从建设性的角度来贡献力量。因此，干群关系改善既是干部对群众的态度的改变，也是群众对干部的态度的改变，是一种共同理解、共同信任和共同合作的过程。从某种程度上看，接诉即办改革是将党的群众路线传统创造性地引入治理领域的尝试，也是中国之治的典型特征性事实，更是新时代群众路线的新形式。

五、接诉即办提升了民众的获得感、幸福感和安全感

从长期看，接诉即办对民众的影响，主要是提升了民众的获得感、幸福感和安全感。解决民众的急难愁盼问题只是第一步，它可以减少民众的不满意，但并不一定带来满意。甚至很多时候，解决的问题越多，不满意越多。很多基层干部很委屈，他们认为他们尽力解决了问题，但是民众仍然不满意。事实上，要使得

民众真正满意，需要民众对未来遇到问题之后能够得到解决形成合理预期，这种预期是对政府解决问题意愿的信任，也是对政府问题解决能力的信任。形成预期之后，民众就不会害怕遇到问题，也能够正确面对问题，不会对问题形成否定性看法，而是将问题视为生活中的一部分，产生问题也不会认为是政府不作为。与此同时，政府也会以平常心面对民众提出的诉求，以更加合法、合理的方式来解决问题，它们依然会追求绩效排名和重视上级考核，但会更多地根据事物本身的规律去解决问题。要达到这种理想状态，既需要依靠政府的持续努力，又需要民众的配合，政府和民众之间协同合力才能够真正换来民众的获得感、幸福感和安全感。这意味着，民众的获得感、幸福感和安全感的提升，需要完善的治理生态，并受这种治理生态所产生的治理绩效的影响。由此可见，民众的获得感、幸福感和安全感是衡量接诉即办改革长期效果的主要指标，也是超大城市治理所追求的长期绩效。

经过两年多的努力，接诉即办改革通过改善首都超大城市治理生态，调动各治理主体积极性，实现条块结合、多层次结合、跨部门结合和跨领域结合，大大提升了城市治理能力，为提升民众的获得感、幸福感和安全感提供了治理体制机制保障。简而言之，只有政府自身持续改善和改进，治理生态才会发生根本性变化，才会提升民众的获得感、幸福感和安全感。民众的获得感、幸福感和安全感得到提升的一个表现是，很多市民尽管知道有 12345 市民服务热线，但是更愿意直接将问题、建议和诉求向社区、街道反映，这就实现了诉求反映的长途机制向短途机制的转变。所谓“长途机制”是指市民通过 12345 市民服务热线反映问题，随后热线服务中心把相关问题转给有关部门，由有关部门来实现问题的解决，随后热线服务中心再询问市民对问题解决的满意度。而所谓的“短途机制”则是市民直接与诉求和问题解决者互动，市民向社区、街道、乡镇反映问题，社区、街道、乡镇与市民直接互动来推动问题解决，市民是否满意也会直接向社区、街道、乡镇反馈，社区、街道、乡镇则根据反馈来调整行为方式。可以预期，随着越来越多的基层用短途机制取代长途机制，市民的获得感、幸福感和安全感将会显著提升。接诉即办改革的持续推进，正使得很多街道、乡镇、社区治理生态发生变化，这些街道、乡镇、社区居民的获得感、幸福感和安全感也正在显著提升。

六、接诉即办促进了政府和民众之间的信任与合作

从长期看，接诉即办对政府和民众关系的影响，主要是促进了政府和民众之间的信任与合作，开创了政民互动的新范式。民众信任政府，才会主动向政府反映诉求，理解政府的政策和举措，配合政府的行为，并且与政府一道来推进问题解决。民众对政府的信任并非一朝一夕就建立的，它是长期持续互动的产物。政府正是通过一次次对诉求的处理、一次次与民众的接触，才能够和民众建立情感纽带。这种情感纽带经过时间考验，才可能转化为民众对政府的信任①。当然，接诉即办改革促进民众对政府信任的前提是诉求得到了高质量回应，问题得到了有效解决，并且政府能够举一反三，进行前瞻性系统谋划以应对未来挑战。如果在诉求办理过程中，政府存在推诿、扯皮和踢皮球等现象，则民众也会对政府不信任。此外，信任的建立并不是一劳永逸的，它本身也需要不断地维护，只有建立信任并且实现了预期结果，信任才会形成正反馈，并且促进信任自身的累积性增长。否则，信任就会丧失，不信任就会产生，一旦信任被破坏，要恢复信任就需要花费更多时间和精力。从接诉即办改革实践看，一些街道和社区的排名之所以能够长期处于前列，关键是因为早期的高质量诉求办理逐步积累为民众对政府的信任，信任的建立则会增加民众与政府之间的互动，从而促进问题面对面直接解决，减少通过 12345 市民服务热线来反映诉求。

更为重要的是，一旦民众与政府之间建立了信任，民众便会主动与政府合作，合作生产本身有利于公共服务提供、问题解决和风险预防。合作生产强调政府在提供公共服务、解决公共问题时，需要民众贡献个人知识、资源和力量，民众与政府一起进行生产，共同行动促进目标实现。事实上，接诉即办改革使得政府与民众之间互动场景增多，而很多问题不可能由政府作为单一主体来解决，它需要民众的理解、参与和配合。随着接诉即办改革的持续推进，很多之前向政府提意见和诉求的市民，后来经过与政府有效互动，认识到政府真心为民众，便开始作为志愿者，与社区和政府一道参与公益活动，从批评者向建设者转变。在某种程度上，政府与民众之间的合作也是信任产生的源泉，信任需要依托一定载体，而合作是最好的实践场景。当然，除了民众需要信任政府之外，政府也需要信任民

① Klijn E H, Edelenbos J, Steijn B. Trust in governance networks: its impacts on outcomes[J]. Administration & society, 2010, 42(2): 193-221.

众能够提出合理和理性的诉求，只有这样才能够理性对话，并在对话中达成共识，促进彼此的沟通、理解和交往，最终共同行动解决问题。由此可见，政府和民众之间的信任与合作都是双向的，它并非仅仅是政府信任民众，也并非仅仅是民众信任政府，而是政府和民众之间彼此相互信任，这种相互信任是力量的源泉。可以说，接诉即办改革正在不断地推动政府与民众之间的互信、互惠和共同合作，这些也是首都治理体系和治理能力现代化的社会基础。

七、接诉即办推进了首都治理体系和治理能力现代化

从长期看，接诉即办改革对政府的影响，主要是推进首都治理体系和治理能力现代化。接诉即办改革之所以能够推进首都治理体系和治理能力现代化，关键是因为其善于反思、学习，基于过去经验持续改进、走向未来。接诉即办强调对诉求的办理，主要是着眼于当下，它以解决问题作为主要逻辑。但是，随着接诉即办效率提升和效果增强，就必然会产生更多人求助于 12345 市民服务热线的正反馈，这种正反馈会提高诉求量，而当诉求量提高但治理能力没有相应提升时，就有可能使得诉求不能够办好，形成接诉即办可持续性陷阱。要解决接诉即办越办越好而诉求量越来越高的“悖论”，以及一段时间内能够办理好接诉即办但随着诉求量提高接诉即办质量下降的“可持续性陷阱”，就需要在解决当下问题的同时，着眼于通过解决未来问题来减少当下问题，探索当下治理和未来治理协同推进的方法。无论是当下治理，还是未来治理，都离不开治理主体的学习、探索、改进和创造，学习和探索是改进和创造的前提。

事实上，北京从 2021 年开始推行“每月一题”强化“主动治理、未诉先办”，就是出于对长期性、基础性和根本性治理问题的考虑。当然，“主动治理、未诉先办”仍然是实现从接诉即办到首都治理体系和治理能力现代化的关键一环，它既是通过主动应对减少诉求的过程，又是进一步进行持续改进的前提和基础。只有通过“主动治理、未诉先办”，才能够降低诉求量，为治理主体面向未来治理提供可能性。否则，不同治理主体疲于应对眼前的治理挑战，就不可能有时间、精力和资源去思考一些长远的治理难题，也不可能去回应“建设一个什么样的首都，怎样建设首都”这一时代之问，正确处理“都”与“城”这一首都发展的大问题，更不可能形成探索超大城市治理的新路子。事实上，“主动治理、未诉先办”是一个反思性学习、探索性学习和创造性学习的过程，它是基于过去经验去预测未来

可能发生的问题，并提前采取措施进行有效应对，避免可能发生的问题的实际发生。随着“主动治理、未诉先办”取得成效，治理主体会进一步进行反思和提升，真正转向对治理体系和治理能力现代化等基本问题的讨论，并通过一些制度性和结构性变革，来促进新的治理文化和治理秩序产生，为长期可持续治理奠定基础。可喜的是，一些街道和社区正在以接诉即办改革为契机，实现常规治理任务、应急治理任务和诉求治理任务的协同推进，在各个方面都取得了较好的成绩，而协同推进和全面发展正是推进社区和街道治理体系和治理能力现代化的典型特征。可以预期，随着接诉即办改革的深入，未来会有更多的区域、街道、乡镇、社区、行业、领域等实现从接诉即办到“主动治理、未诉先办”再到治理体系和治理能力现代化的跨越。

第十三章
接诉即办的治理意蕴

2021年发布的《中华人民共和国国民经济和社会发展第十四个五年规划和2035年远景目标纲要》明确提出："推广'街乡吹哨、部门报到、接诉即办'等基层管理机制经验，推动资源、管理、服务向街道社区下沉，加快建设现代社区。"这意味着，北京从2018年开始推行的"吹哨报到"和从2019年开始推行的接诉即办改革，在实践中取得了较好成效，正式从地方经验上升为国家战略，成为提升城市水平的治理工具。继2020年内蒙古呼和浩特市学习北京经验全面推行接诉即办之后，2021年深圳市公安局上线了"局长信箱，接诉即办"，接诉即办改革正在被越来越多的地方政府和部门采纳。可以预期，随着"十四五"规划的实施，接诉即办将成为政务服务热线改革的重要方向，并在推进城市治理体系和治理能力现代化方面发挥更为关键的作用。

接诉即办做对了什么？我们认为，接诉即办改革之所以能够取得预期成效，成为促进首都城市高质量发展的重要抓手，关键是因为接诉即办的定位和目标明确合理，它将短期目标和长期目标、静态目标和动态目标、过程目标和结果目标、自我目标和社会目标、要素目标和系统目标有机结合起来，实现了问题解决和治理改善的有效平衡。简而言之，接诉即办在回应民众诉求、解决问题的同时，十分注重提升治理能力和治理水平。问题解决和治理改善构成了接诉即办的鸟之两翼、车之两轮，两者相互促进、协调发展。

接诉即办对治理的反馈、影响和促进，构成了接诉即办改革的制度和体制成果。对于接诉即办的治理意蕴，可以从微观、中观和宏观三个层次进行理解。从微观层次看，接诉即办通过高层注意力分配、直接派单至街道乡镇、激活"吹哨报到"和转变干部作风等举措推动基层治理体系和治理能力现代化。从中观层次看，接诉即办通过压实区委、区政府责任，让市直部门和国有企业办理诉求，开展"每月一题"等举措推动行业与区域治理体系和治理能力现代化。从宏观层次看，接诉即办通过聚焦“七有”、“五性”、月度工作点评会、城市体检、制度改革等举措推动首都治理体系和治理能力现代化。接诉即办对微观、中观和宏观治理的有力的优化和完善，使得其成为建设国际和谐宜居之都的重要力量。

一、接诉即办实现了问题解决与治理改善的有效平衡

接诉即办作为超大城市治理创新实验，可以从很多角度进行理解和认知。从复杂系统的角度看，认知接诉即办有两个视角，即内部视角和外部视角①。内部视角将接诉即办自身看作一个系统，聚焦接诉即办的行动者、内部运行、复杂互动和价值目标。当前，我们对接诉即办的诉求响应、诉求分类、诉求派单、诉求办理、诉求考评、诉求反馈等的分析，都是对作为系统的接诉即办进行的分析，聚焦打开接诉即办的黑箱，探讨其背后的设计原理和逻辑。这意味着，一旦民众向政府提出诉求，接诉即办就成为应对诉求的复杂系统，这套系统是否高效、专业、合法成为影响问题处理成效的关键。有些政府和部门能够在接诉即办中持续取得好成绩，这表明它们找到了应对诉求的“诀窍”，而良好的接诉即办治理系统一定是重要变量。当前，关于接诉即办的讨论，更多的是从内部视角进行分析，在接诉即办自身的系统中研究回应诉求和解决问题的治理之道。

外部视角则将接诉即办作为一个子系统，聚焦接诉即办与现有治理系统之间的关系，以及它在整个治理系统中的角色和定位。任何治理系统都是为了应对来自环境的挑战。当治理系统重视环境挑战时，治理挑战就会转化为治理任务，治理主体或者需要使用原有的治理系统来应对挑战和完成治理任务，或者需要根据治理挑战与治理任务建立新的治理系统。从外部视角看，接诉即办正在成为治理系统面临的又一新的治理任务，我们可以将之称为诉求治理任务，它与常规治理任务和应急治理任务共同构成了治理系统所面临的三项主要治理任务。在一个社会处于稳定运行状态时，治理系统主要承担常规治理任务，而随着社会快速变迁和环境面对巨大挑战，很多应急事件相继出现，此时治理系统除了承担常规治理任务之外，还需要对应急治理任务进行回应。而接诉即办则构成了一种既不同于

① Klijn E H. Complexity theory and public administration: what's new? key concepts in complexity theory compared to their counterparts in public administration research[J]. Public management review, 2008, 10(3): 299-317.

常规治理任务又不同于应急治理任务的新的治理任务。当然，这项新的治理任务并非无中生有，它与常规治理任务和应急治理任务紧密相联。当治理系统能够成功应对常规治理任务和应急治理任务时，诉求治理任务也会减少。反过来，诉求治理任务的良好完成，也会促进常规治理任务和应急治理任务的完成水平提升。对于一个治理系统而言，比较理想的状态是能够同时应对常规治理任务、应急治理任务和诉求治理任务，实现三者的有机平衡。

从外部视角讨论接诉即办，其核心问题是：接诉即办给治理系统带来了什么？这是要思考接诉即办所代表的诉求治理任务与常规治理任务和应急治理任务之间的关系，以及接诉即办对整个治理系统的价值和意义。当前，基于接诉即办的民生大数据，各级治理主体已经开始思考"主动治理、未诉先办"，并以"每月一题"作为重要抓手，这本身是从外部视角看待接诉即办的体现，意在通过提升整体治理系统的绩效减少诉求治理任务。这说明：一方面，整个治理系统的优化可以减少接诉即办的诉求治理任务；另一方面，接诉即办构成了一个可以对治理系统的整个质量进行检验的信号系统。对前者的讨论，是从更高层面来回应民众诉求，实现接诉即办向"主动治理、未诉先办"深化。对后者的讨论，则是将接诉即办作为一项治理大考，治理系统既要快速回应诉求并解决问题，又要在应对诉求中实现适应性调整，通过提高常规治理任务和应急治理任务完成水平减少诉求治理任务。

由此可见，接诉即办很好地实现了内部视角和外部视角的平衡，能够在回应诉求和解决问题的同时改进治理系统。从内部视角看接诉即办，它很好地实现了回应诉求与解决问题的目的，这也是接诉即办存在的价值和意义，构成了接诉即办的本体。从外部视角看接诉即办，它很好地成为推动治理系统自身完善和改进的动力机制，为首都治理体系和治理能力现代化提供了支撑。接下来，我们将重点从外部视角来讨论接诉即办，研究接诉即办的治理意蕴，即从微观、中观和宏观三个层次来分析接诉即办对治理体系和治理能力现代化的反馈、改进和优化效应。

二、接诉即办推动基层治理体系和治理能力现代化

从微观层次看，接诉即办在回应民众诉求和解决问题的同时，正在成为推动首都超大城市基层治理体系和治理能力现代化的"关键一招"。基层治理是国家治理的基石，没有基层治理体系和治理能力现代化就不可能有国家治理体系和治

理能力现代化。正是基于这一逻辑，中共中央、国务院于2021年4月28日出台了《中共中央 国务院关于加强基层治理体系和治理能力现代化建设的意见》，强调“统筹推进乡镇（街道）和城乡社区治理，是实现国家治理体系和治理能力现代化的基础工程”，提出了完善党全面领导基层治理制度、加强基层政权治理能力建设、健全基层群众自治制度、推进基层法治和德治建设、加强基层智慧治理能力建设等一系列举措，成为基层治理体系和治理能力现代化的行动纲领和指南。

接诉即办提供了市委、市政府持续对基层治理进行注意力分配的制度性平台，开启了基层治理改革的“机会之窗”。“事在四方，要在中央。”同样，基层治理的问题在基层，关键仍然在上层，其核心是职能、资源、人员、权力等在不同层级之间配置的问题。要建构“党委领导、党政统筹、简约高效的乡镇（街道）管理体制”，就需要重新调整基层和上层的权责，以解决“看得见的管不了，管得了的看不见”的难题，实现“看得见的管得了”和“管得了的看得见”。此前，北京市出台了《北京市街道办事处条例》，试图通过赋权、下沉、增效来提升基层治理能力，在明确街道职责的基础上，赋予了其规划参与权、重大决策建议权、指挥执法权、统筹协调和考核督办权、人事任免建议权、统筹管理权等“六权”。接诉即办改革通过将诉求直接派单至街道和乡镇的方式，实现了市级层面与街道、乡镇的直接对话，减少了中间环节，也形成了北京市各级政府到基层解决问题的鲜明导向。此外，接诉即办通过考评机制直接对街道、乡镇诉求办理情况进行排名，进一步压实了街道、乡镇的主体责任，并且也为区级政府进行注意力分配提供了制度保障。以接诉即办为桥梁，北京市委、市政府实现了与基层的直接对话，在诉求办理和问题解决中推动基层治理改革，落实《北京市街道办事处条例》，并根据在诉求办理中出现的问题，进一步完善基层治理的制度基础。例如，北京市通过接诉即办发现物业管理是难题，随后出台了《北京市物业管理条例》。这意味着，接诉即办成为不同治理主体针对基层治理进行对话、沟通、协商和解决问题的重要平台。

接诉即办进一步激活了“吹哨报到”机制，形成了基于市民诉求的问题发现和问题解决的完整链条。接诉即办改革是党建引领“吹哨报到”机制的深化，并使得“吹哨报到”机制能够更好地发挥作用。“吹哨报到”机制主要解决的是基层治理中的条块分割问题，其核心是街道和乡镇发现问题之后，对于仅仅依靠街道职权不足以解决的问题，通过吹哨的方式让业务部门共同解决，形成解决问题的条块联合和治理合力。党建引领“吹哨报到”机制成为解决部门推诿、扯皮问题的重要政策工具创新，这是在基层领域迈向整体性政府的重要尝试。“吹哨报到”机制产生之后，受到了学界和政府的关注，中央深改委在会议中专门提出，各级政府需要推广北京的“吹哨报到”经验。应该说，“吹哨报到”是具有中国特色的整体性政府创新实践，也是进一步加强基层治理能力的探索。但是，该机制的启动需要由街道、乡镇发起，由于街道、乡镇与市级政府部门之间存在权力级差，街道、乡镇不一定能够有勇气经常使用该机制。而接诉即办改革则改变了这种现状，使得“吹哨报到”的哨声源从政府部门转到民众，民众成为“吹哨报到”机制的直接触发源。很显然，当街道、乡镇要回应市民诉求而自身又没有资源和权责时，它们因为属地责任需要解决问题，所以不得不使用“吹哨报到”机制。在某种程度上，市民诉求为街道、乡镇使用“吹哨报到”机制提供了合法性来源，更为它们提供了强大的民意支撑。这样，从“吹哨报到”到接诉即办，形成市民诉求、问题发现和问题解决的完整体系，这也是基层治理体系的重大创新。

接诉即办既是对基层治理的大考，又为基层治理能力提升提供了试验场，更是加强干群联系和改善干群关系、促进基层干部与民众良性互动的机制。政府的职责是固定的，而市民的诉求是千差万别的，个体性、差异性和多样性是诉求的核心特征。接诉即办使得基层治理主体在完成常规治理任务和应急治理任务时，还需要处理来自市民的诉求治理任务。正是因为市民诉求的考验，基层治理主体需要直接与市民打交道。对于一些合理诉求，基层治理主体需要及时、有效和专业地回应和办理。而对于一些不合理诉求，或者需要一定时间周期才能够解决的诉求，基层治理主体需要通过对话、沟通和说服来获得市民的理解和认同，这是一个心灵治理过程。在某种程度上，接诉即办是一种“送上门”的群众路线，通过不断回应市民的诉求，使得基层干部能够真正有人民立场和人民关怀，真正为民服务和为民办事，在办理诉求和解决问题过程中改善干部和群众的关系，从而真正改善基层治理的生态。在这个意义上，接诉即办既是回应民众诉求的过程，也是提升基层干部治理能力的过程，更是发现和检视基层治理中的短板和不足的过程。

三、接诉即办推动行业与区域治理体系和治理能力现代化

从中观层次看，接诉即办在推动区政府、市直部门、国有企业等治理主体直接回应市民诉求的同时，也推动着基于市民诉求大数据的行业与区域治理体系和

治理能力现代化。脱离人民群众的危险是党面临的最大危险，同样，脱离人民群众的危险也是政府治理的最大危险。一旦政府及各部门心中没有人民，就会产生官僚主义、形式主义和享乐主义，权力的傲慢会带来执政风险。接诉即办作为一项治理大考，不仅是对基层治理主体的考验，而且是对各级政府及各部门的考验。接诉即办开展以来，无论是区级政府还是市直部门，都需要根据职责权限直接办理来自市民的诉求。对于区委、区政府而言，街道、乡镇不能办理的诉求，或者属于区委、区政府和部门的诉求，都需要它们来进行办理，这有利于发挥区委、区政府的统筹协调作用。此前，区级政府和条条部门可能并不直接与市民打交道，接诉即办正是提供了一个契机让市直部门直接面向民众，这有可能使得政策制定、执行、沟通和评估链条大大缩短，也会让政策本身更有针对性和实用性。更为重要的是，接诉即办事实上构成了市直部门治理的反馈信号，它是行业和系统治理体系和治理能力现代化的“指示器”。反过来，市直部门使用好这些诉求大数据，就可以通过有针对性的改革举措来完善自身的治理体系和提升治理能力。

“每月一题”既是“主动治理、未诉先办”的实施路径，又是首都行业和系统治理体系和治理能力现代化的助推器。“每月一题”主要是基于2020年接诉即办的民生大数据，从中选择一些共性问题，开展针对性和专项性治理。经过半年多的努力，2021年的“每月一题”取得了阶段性成绩，12个主责部门办成实事清单84项，19个问题超额完成原计划工作，第三方调查整体满意度高达90.15%。“每月一题”既可以看作民众反映强烈的重点、难点和棘手问题，又可以看作行业和系统治理中的短板、弱项和不足。对这些共性问题开展专项集中治理，既可以降低接诉即办的诉求量、减轻基层治理的负担，又可以为优化和提升行业与系统治理水平奠定基础。事实上，“每月一题”只是市委、市政府从全市大局出发进行的问题解决注意力分配，每个市直部门还可以在接诉即办民生大数据的基础上，结合常规治理任务和应急治理任务，有针对性地列出各个部门在当前和今后所面临的重要问题清单，将这些问题清单与部门和行业“十四五”规划结合起来，真正做到问题导向和目标导向相结合，在持续解决问题和预防问题中实现行业和系统治理现代化。接诉即办所体现的为民服务价值观正在对市直部门的政策制定、执行和评估过程产生广泛而深远的影响，这有利于决策科学化、民主化和法治化。例如，北京市推出的“局处长走流程”，就是要实现决策者和民众角色互换，让决策者从民众视角出发去体验政策的执行，决策者有了这些体验之后才能够更好地从民众视角去优化政策，实现决策者与民众之间的良性互动。无论是“每月一题”，还是“局处长走流程”，都意味着接诉即办正在对行业和系统治理的价值观、基础制度和运行过程产生深远影响。可以预期，市直部门与民众之间持续不断的良性互动，必将进一步夯实行业和系统治理体系和治理能力现代化的基础。

接诉即办通过聚焦区域性问题，推动区域治理体系和治理能力现代化。从空间维度看，接诉即办是对区域和空间治理水平的检验。结合 2019 年以来的接诉即办排名数据看，目前能够代表北京市区域治理特色的治理单元都分别取得了不错的成绩，这也证明不同区域都能够完成好接诉即办工作。两年多来，怀柔区在接诉即办排名中一直名列前茅，这是远郊区和生态涵养区接诉即办高绩效治理的典型代表。大兴区在 2019 年和 2020 年两年中都取得了较好成绩，并且创造了很多做好接诉即办的工作方法，这是平原新城地区接诉即办高绩效治理的典型代表。而东城区和西城区则分别在 2020 年和 2021 年取得了较好的成绩，这是核心区和主城区接诉即办高绩效治理的典型代表。东城、西城、大兴、怀柔在接诉即办方面的卓越表现，说明做好接诉即办与所在区域和位置关系不大，关键在自身努力。与此同时，北京市也会针对接诉即办的民生大数据，勾画出诉求集中区域进行专项整治，以弥补区域治理的短板和弱项。例如，北京市发现回龙观和天通苑治理问题较多，于是针对回天地区开展专项治理，以提升回天地区的治理水平，这也是对超大城市的大型社区治理体系和治理能力现代化的探索。此外，北京市老旧小区治理、诉求量集中街道乡镇治理等，都是在区域层面提升治理能力和水平的尝试。未来，可以结合接诉即办和其他各类数据，依托 GIS 信息系统，对首都区域治理的水平和能力进行综合诊断，找出其中的关键问题，开展针对性行动，在问题解决中推动区域治理体系和治理能力现代化。

四、接诉即办推动首都治理体系和治理能力现代化

从宏观层次看，接诉即办通过关注市民诉求，推进问题解决，实施“主动治理、未诉先办”，找到了一条回应“建设一个什么样的首都，怎样建设首都”这一时代之问的行动路径。2014 年，习近平总书记考察北京，首次提出“四个中心”的城市战略定位。2017 年，在针对北京城市总体规划发表讲话时，习近平总书记指出：“北京的城市总体规划，最根本的是要解决好‘建设一个什么样的首都，怎样建设首都’这个重大问题。”为此，首都超大城市治理需要围绕“四个中心”的城市战略定位展开，做好“四个服务”工作，才能够向国际和谐宜居之都

的战略目标迈进。处理好“都”与“城”之间的关系，成为首都城市治理的关键问题。只有“都”与“城”两者相互促进、相互协同，才能够真正推动“都”与“城”的有机融合。事实上，“都”与“城”是功能上的区分，而落实到居民身上则是有机统一的。一些市民承担“都”的功能，但是他们也需要接受“城”的服务；一些市民承担“城”的功能，同时也会为“都”的功能实现提供支撑。接诉即办以回应民众诉求和服务市民为核心价值取向，这使得它成为践行“四个服务”中的“为改善人民群众生活服务”的重要手段，这也意味着接诉即办符合“四个服务”的内在要求。简而言之，接诉即办通过服务民众，提高城市治理水平，最终为“都”的功能实现创造宜居环境，从而实现“都”与“城”的有机统一。

接诉即办始于民众的诉求，并围绕“七有”“五性”开展工作，聚焦于城市发展和治理中的民生问题，以提升民众的获得感、幸福感和安全感。在回应民众诉求的过程中，北京市决策者很敏锐地意识到这些诉求都是围绕着“幼有所育、学有所教、劳有所得、病有所医、老有所养、住有所居、弱有所扶”等“七有”展开的，并开创性提出在提供上述“七有”公共服务的过程中要贯彻“五性”需求，即满足人民群众的“便利性、宜居性、多样性、公正性、安全性”需求。为了更好地推动区级政府、街道、乡镇聚焦“七有”“五性”诉求，北京市委、市政府在针对接诉即办的考核中专门列出了针对“七有”“五性”的考评指标体系，实现了从个体诉求回应向系统质量改进的跨越。只有首都居民能够感受到宜居、幸福与快乐，他们才可能将时间和精力更好地投入实现首都“四个中心”的城市战略定位的伟大事业中，在实现个人价值的同时为社会和国家贡献力量与智慧。让民众在城市中没有后顾之忧，最终必然促进首都城市高质量发展。

接诉即办是北京市委月度工作点评会的重要内容之一，它成为提升超大城市治理水平的重要抓手。月度工作点评会是首都北京推动超大城市有效治理的重要交流互动平台，更是决策者的注意力分配平台和推动工作高效开展的平台，起到了四两拨千斤的作用。月度工作点评会始于 2018 年，从 2019 年开始加入接诉即办的绩效考评内容，从 2021 年开始在书记月度工作点评的基础之上增加了市直部门党组（党委）书记月度工作点评，形成了针对区委书记和市直部门党组书记隔月进行、接诉即办考评结果每月发布、重点工作持续推进的工作格局，正在成为一个值得给予关注和重视的超大城市治理工作机制。很显然，接诉即办是月度工作点评会的重要一环，除了对区政府和市直部门的点评中会涉及接诉即办问题外，还会专门发布月度接诉即办考评数据，起到了表扬先进、鼓励努力、鞭策后进的作用。

接诉即办通过城市体检提出制度改革需求，为超大城市治理的长期可持续发展打下了坚实基础。凡事预则立，不预则废。接诉即办最重要的财富是基于无数个体诉求而生成的城市体检报告，它可以直观展现城市治理在哪些方面还存在不足，在哪些方面还需要加强和改进，为未来工作指明了方向。依据这些民生大数据，城市的决策者可以重新调整他们的资源配置、注意力配置、制度改革重点安排，从而将短期目标和长期目标、静态目标和动态目标、要素目标和系统目标、过程目标和结果目标、自我目标和社会目标等进行有机平衡。首都城市治理体系和治理能力现代化既不可能一蹴而就，也不可能一劳永逸，它是一个动态调整、持续改进和不断精进的过程，只有起点没有终点。很显然，致力于收集民意和诉求的接诉即办机制，既是超大城市治理的重要组成部分，又是推动超大城市治理体系和治理能力现代化的关键节点。平衡好接诉即办的内部视角和外部视角，是做好接诉即办工作的主要诀窍。

图书在版编目（CIP）数据

接诉即办的北京经验 / 李文钊著. -- 北京：中国人民大学出版社，2021.12

ISBN 978-7-300-30034-4

Ⅰ.①接… Ⅱ.①李… Ⅲ.①地方政府-行政管理-工作经验-北京 Ⅳ.①D625.1

中国版本图书馆CIP数据核字（2021）第247179号

接诉即办的北京经验

李文钊　著

Jiesujiban de Beijing Jingyan

出版发行	中国人民大学出版社		
社　　址	北京中关村大街31号	**邮政编码**	100080
电　　话	010-62511242（总编室）		010-62511770（质管部）
	010-82501766（邮购部）		010-62514148（门市部）
	010-62515195（发行公司）		010-62515275（盗版举报）
网　　址	http://www.crup.com.cn		
经　　销	新华书店		
印　　刷	唐山玺诚印务有限公司		
规　　格	185 mm×260 mm　16开本	**版　　次**	2021年12月第1版
印　　张	9　插页2	**印　　次**	2025年12月第5次印刷
字　　数	155 000	**定　　价**	36.00元